# 1日1分開運ルーティン

経営コンサルタント
桑名正典

WAVE出版

はじめに——

# 運がいい人、悪い人の違いは小さい！

**「世間がどんなに大変な状態でも関係なく、いつも幸運に恵まれる人」**
**「なぜだか知らないけど、ずっと運がいい人」**
あなたの周囲には、そんな人はいないでしょうか？

でも、自分の現実はというと、

「気がついたら、もう40代になっちゃった」

「私の人生って、こんなもんなの？」

「幸せになりたくて、いろいろ試したけど、どうもうまくいかない」

「自分のやりたいことが見つからない」

「将来が不安に感じる」

という声をよく聞きます。

その差は、いったいどこから生まれるのでしょうか？


私は経営コンサルタントをしているため、現在コロナ禍の影響で、多くの会社や個人が大変な状況に陥っているのを毎日のように見聞きします。

ですがそんな世間の状況とは関係なく、さらに幸せに豊かになっている人もいます。

しかし、そんな人たちがとびきり優秀かというと、そんなこともありません。

とても優秀だけど、大変な状況に陥っている人もたくさんいます。


**その要因は何かというと、「運」としか言いようがありません。**

世の中には、とてもツイている人がいて、そういう人は、とにかく危機的な状況でも奇跡のような出来事が起こって助かったり、あり得ないようなご縁や出来事を引き寄せます。

腹の立つ話かもしれませんが、運がいい人は運気が悪くてもずっと運がよく、運が悪い人は運気がよくてもずっと運が悪いものです。

運がいい人は、そうではない人と何が違うのでしょうか？

それは、「**波動（バイブレーション）**」というものが関係しています。

「波長が合う」という言葉をお聞きになったことがあるかと思います。

気が合うことを波長が合うと言いますが、これが波動というもので、波動は人だけではなく、あらゆるモノ、あらゆる情報、言葉、音などにも当てはまります。

私たちは一人ひとりが自分の波長と合う人、モノ、情報、言葉、音などに出会ったり、目にしたり、耳にしたりしているのです。

**運がいい人は、運がいい人、モノ、情報、言葉、音を常にキャッチ**し、運が悪い人は運が悪い人、モノ、情報、言葉、音をキャッチし続けてしまう。

そのため**運がいい人はずっと運がいい**し、運が悪い人はずっと運が悪くなってしまっています。

私は、理系の国立大学を卒業後、研究試験会社の研究者として、環境分析や化学分析などに携わりました。

独立後、研究者として培ってきた「分析力」を武器に、経営コンサルタントとして、数多くの経営者、起業家たちの経営アドバイザーをしています。

主宰するビジネスアカデミーでは、法人から個人まで、マインドを変え、体質を変え、願望を叶えるための方法をお伝えしてきました。

さらに、「波動が人生を変える最強ツール」であることや、その波動を活かし、どうやって幸運な人生を引き寄せられるのかを、個人コンサル、セミナー、ブログ、YouTubeなどを通じて発信しています。

そこで分かったのは、**運がいい人が持っている波動「ラッキー・バイブレーション」は、どんな人でも身につけることが可能**だということ。

たとえ今がどんな状況であっても、ラッキー・バイブレーションを身につければ、あなたにもたくさんの運のいい出来事が訪れるようになります。

その要素は一つだけではなく、毎日何気なくできる**「たくさんの小さな習慣が、結果としてラッキー・バイブレーションとしての形」**になっていることも見出しました。

## ●「1分間の開運ルーティン」で、現実が変わる！

あなたの波動を高めるためには、まず、第1章でお話しする、開運体質になるための土台づくりである「ビジョン」の設定をしていきましょう。

パソコンのワードでもノートでも構いません、「将来どうなりたいか、どうありたいか」を楽しく考え、書き出してみるのがスタートです。

皆さん、まずはここでつまずかれるので、**考えるのは「1回1分間」**です。

1分たったら、思うようなビジョンが出なくても、その日は終了です。

本書では、「1分間」ということにこだわっています。

毎日1分と思うとかなりハードルは下がり、取り組みやすくなるでしょう。

**たった1分でも毎日続けることは、あなたに大きな変化をもたらします。**

毎日毎日、1分間取り組むことで、あなたの意識や脳の状態が変わっていくからです。

あなたの脳の状態が変わると、脳は様々な情報を探し始めます。

さらに、考えることのモチベーションも高まります。

それを毎日1分間だけやってみましょう。

具体的なやり方は本文でご説明します。


それとともに、第2章、第3章でお話しする、**ビジョンに合った「状態」を整え、「行動」を始めます。**

本文で詳しくご説明しますが、私は、この**「ビジョン、状態、行動」を整えることを、「毎日の小さな開運ルーティン」**と呼んで、多くの人にお伝えしてきました。


これもまずは、1分間でできることをご紹介しますので、毎日取り組んでください。

全部一気にやろうとすると大変なので、あまり重く考えず、「できることから始めよう」くらいの軽い感じで取り組むといいでしょう。

まずは一つ、一つが習慣になったら、もう一つ……、といった感じでルーティンを一つずつ生活の中に取り入れてください。

また1分間のルーティンとともに、1分ではないけれど、もう少し意識して取り入れることで、より変化するルーティンもご紹介します。
余裕があれば、そちらも取り入れるようにしてみてください。
「毎日の小さな開運ルーティン」が、より有効に働きやすくなります。

大切なのは、**生活の中に、「毎日の小さな開運ルーティン」を取り入れ、続ける**ことです。

毎日の小さな開運ルーティンを続けていても、最初はなかなか変化に気づきにくいですが、あるとき加速的に現実が変わっていきます。

本書では、多くの人の人生をサポートしてきた経験を踏まえ、運がいい人が実際に行っている具体的な開運ルーティンをお伝えしますので、ワクワクしながらラッキー・バイブレーションを身につけてください。

2021年7月吉日

桑名《くわな》正典《まさのり》

1日1分開運ルーティン　もくじ

自分の「身体・心・エネルギー・環境」を整える　64

第3章

# そのうえで「行動」すると叶っていく

小さな開運ルーティン3

「ふるまい・言葉・思考」を1日1分楽しくクセづけ

121

第4章

# 想像を超える強運な人の特別ルーティン

1回1分で取り入れられるコツも伝授

デザイン　小口翔平＋奈良岡菜摘（tobufune）
企画・編集協力　遠藤励起
イラスト　Mayu（mayunoe）
DTP　NOAH

序章

# 波動が変われば、現実は変わる！

幸運のカギは
「ラッキー・バイブレーション」

# 人生と運の研究で分かったこと

私はこれまで、多くの成功者とお付き合いをさせていただいてきました。
そんな人たちが口をそろえて言うのが、

**「自分は、運がよかった」**

という言葉です。ときには、

**「自分がうまくいったのは才能などではなく、運がよかったから」**

と、自分の才能や能力や努力ではなく、運だけでうまくいったと言う方までいます。
その話しぶりを見ていると、謙遜ではなく、本当にそう思っていることを感じ、初めてそういったお話を聞いたときには驚いたものでした。

その後、私自身もある程度の実績を出せるようになり、私もスタッフや関わる人たちに同じようなことを言っていることに気づきました。

自分自身でも本当に実感します、「運がよかった」と。

事実、世の中には運のいい人と悪い人がいます。

運がいい人は、どんなにピンチになろうとも、社会情勢がどうであろうと、奇跡的な出会いやチャンスをつかみ、事態が好転していきます。

一方、運の悪い人は、どんなにいい流れが来ていても、驚くほど見事な流れで不運な事態が起こってきます。


私はかつてサラリーマンをしていましたが、当時とてもよくしてくださった大好きな先輩がいました。

その先輩はとてもいい人で、面倒見もよく、年齢問わず、周囲の人から好かれる人でした。

ですが先輩には、一点だけ気の毒なところがありました。

それは「とても運が悪い」ということでした。

その先輩がある業務を担当していたとき、特に冬休みやゴールデンウィークといった長期休暇の直前には、必ずと言っていいほど不測の事態が起こり、休日返上になることがよく起こっていました。

先輩がその業務を離れた後、私が担当することになったのですが、私が担当したときには、そんな不測の事態が生じることはなくなりました。

同じ業務を普通にこなしていただけなのに、起こることが先輩と私とではまったく異なっていたのです。


その後仕事を辞め、カウンセリング、コンサルティング、セミナーなどで多くの方の人生を好転させるサポートをしていく中で、

**・どうやったら人生が好転するのか？**
**・どうやったら運がよくなり、逆に悪くなるのか？**

ということを研究してきました。

運がいい人と悪い人の差は何か？　先に答えを言うと、

**「運がいい人はラッキー・バイブレーションを持っていて、悪い人はそれを持っていない」**

ということです。

**ラッキー・バイブレーションを身につけ、その世界にアクセスすると、人生は好転していきます。**

運がいいか悪いかの差は、ラッキー・バイブレーションを持っているかどうかの差であって、能力や才能は関係ありません。

ラッキー・バイブレーションを身につければ、あなたも運がよくなり、人生が好転していくということです。

## 仕事・人間関係・お金など すべてが変わる！

ラッキー・バイブレーションとは何かというと、それは冒頭でもお伝えした「波動」というものです。

「ここは波動が高い」

「あの人とは波長が合う」

といった言葉が日常的に使われていますが、**私たちはどんな人も波動という波を出しています。**

自分と似たような形の波を出している者同士は、「波長が合う」、つまり「気が合い」ます。

さらに言うと、波動は人だけが出しているわけではなく、**私たちの身の回りにあるすべてのものは、そのもの特有の波動を持っています。**

たとえば、ものにも波動があり、土地、建物、言葉、情報、音、景色、アイデアなど、ありとあらゆるものに波動があります。

今出会う人、入ってくる情報、目にする景色、見つけるお店、思いつくアイデア、見える景色などはすべて、今のあなたの波動と同じような波動を持っています。

**今のあなたの波動が高ければ、波動の高い人と出会い、波動の高い情報が入ってきて、波動の高い景色やお店を見るようになり、波動の高いアイデアを思いつきます。**

逆に、今のあなたの波動が低ければ、波動の低い人と出会い、波動の低い情報が入ってきて、波動の低い景色やお店を見るようになり、波動の低いアイデアを思いつきます。

波動が低い現実よりも波動が高い現実のほうが、感じる幸せ度や豊かさは大きくなります。

**たとえ今がどんな現実であろうと、自分の波動を変えていけば、見える現実や入ってくる情報、出会う人、すべてが変わっていく**ことになります。

運がいい人が持っているラッキー・バイブレーションとは、より幸せで豊かな人や世界の波動のことで、それを身につけることで、仕事や人間関係、入ってくる情報、お金、すべてが運のいいものに変わっていくのです。

# 最悪の事態も「チャンス」に変わる

運がいい人と悪い人の違いは、ラッキー・バイブレーションを身につけているかどうかなのですが、一つ注意事項があります。

それは、

**「それを身につけていても、一見すると不運と見える事態は訪れる」**

ということです。

よく「波動が高いとネガティブな出来事が起こらない」と思われている人がいます。

実際「こんなネガティブなことが起こったのですが、それは私の波動が低いということでしょうか？」というご質問をよくいただきます。

**「波動が高いとネガティブな出来事が起こらない」というのは、大いなる誤解です。**

波動が高くともネガティブなことが起こりますし、ラッキー・バイブレーションを身につけていても、不運と思うような出来事は起こります。

たとえば震災、後に被災地になる場所に居を構えていれば、それだけでどんな人でもその被害をこうむります。

また2020年に起こった新型コロナは、全世界の人に平等に被害をもたらしています。いいことも悪いことも含め、どんな人にも起こることは起こります。

しかし、ラッキー・バイブレーションを身につけている人は、それが起こってからが違います。

**ラッキー・バイブレーションを身につけている人は、不運と思うような出来事が起こったとしても、ピンチをチャンスに変える現実、人、情報などを引き寄せ、さらなる幸運をつかんでいきます。**

逆に運の悪い人は、どんなに状況がよかったとしても、不運な現実、人、情報を引き寄せてしまいます。

**運のいい人は、どんな現実が訪れても、どんなに運気が悪くても、ずっと運がよく、逆に運の悪い人は、どんなにいい運気のときもずっと不運が続きます。**

事実、私のクライアントの会社は、このコロナ禍で世の中の多くの企業が業績を落とす中、売り上げを大きく拡大していますし、もちろん私が経営する会社も同様です。

ラッキー・バイブレーションを身につけている人は、どんな悪い出来事が訪れようとも、現実の中でその波動に合う出会いや、情報をキャッチし、チャンスに変えていくことができるのです。

## 誰でもできることでした！

現実を、運がいいものか悪いものかを左右する「ラッキー・バイブレーション」ですが、多くの人はそれを「特別な人が持っているもの」と思いがちです。

たとえば、「人より優れたものを持っている人、素晴らしい才能のある人、素晴らしい人間性を備えた人、そういった人がラッキー・バイブレーションを身につけ、そうではない自分には難しい」と思いがちです。

そんなことはありません。

**ラッキー・バイブレーションは、誰でも身につけることが可能です。**

その鍵は、

- **ビジョン**
- **状態**
- **行動**

です。

**「ビジョン」とは、理想像や未来像のことです。**

人の想像力は偉大なる力を持っていて、成果を出す人はこの力を巧みに活用し、人生がなかなかうまくいかない人は、この力を無意識的にマイナスの方向に使っています。

事実、私がかつてお世話になった大成功された方は、**「すべては想像だよ」**といつも言っていました。

私がこれまで関わらせてもらってきた**成功者は皆、「イメージ」をとても大切にされています。**

想像と創造は同じ音の響きを持っていますが、それはただの偶然ではなく、それらは密接に関係しているからです。

すべての想像は、創造につながっていきます。

そんな誰もが持つ偉大な力は、ラッキー・バイブレーションにも影響しています。

**「状態」とは、自分自身の身体や心、環境などの状態のことです。**

**あなたの波動は、あなたの身体の状態や、心の状態、部屋の状態、人間関係など、様々な要因が相互作用し合って決まってきます。**

事実、うまくいっている人の多くは健康オタクだったり、自分の環境にとても繊細に気を配っています。

それが自分の仕事の成果や、運に大きな影響を与えることを経験的に知っているからです。

それらを整えていくことで、波動も運気も変わってきます。

**「行動」も波動に影響を与えています。**

運のいい人は、それほどがむしゃらに動いているわけではないのに、「ココ」というポイントを押さえた行動をとっているものです。

逆に運の悪い人は、押さえるべきポイントを常に外します。

本当に見事なほどです。

押さえるべきところを外し、どちらでもいいことに多くの労力を割いていたりします。

**偉大なる力である「ビジョン」を活用し、「状態」を整え、適切な「行動」をしていくことで、あなたもラッキー・バイブレーションを身につけることができ、結果的に運のいい出来事がたくさん訪れるようになるのです。**

# 「開運ルーティン」が波動を高める！

オグ・マンディーノというアメリカの作家がいます。

彼は、「世界中で最も多くの読者を持つ自己啓発書作家」と呼ばれたベストセラー作家ですが、著書の中に『地上最強の商人』（日本経営合理化協会出版局）という約1万円の本があります。

この本は10巻の巻物を実践することで、地上最強の商人になっていくというコンセプトで書かれています。

**その中で最も重要視されているのが「習慣」です。**

『地上最強の商人』の中に、

**「失敗者と成功者のただ一つの違いは、習慣の違いにある」**

**「私はよい習慣をつくり、自ら、その奴隷となる」**

という言葉があります。

まったく同じ言葉が「波動」にも当てはまります。

**波動が高い人は、波動が高い習慣を身につけています。**

波動が低い人は、波動が低い習慣を持っています。

はじめにでもお話ししましたが、私はこの**「ビジョン・状態・行動」を整えることを、「毎日の小さな開運ルーティン」**と呼び、習慣にすることの大切さを多くの人にお伝えしてきました。

波動が低い人が波動を高くし、運をよくしていくには、ラッキー・バイブレーションのカギとなる「開運ルーティン」を習慣にすることです。

多くの人の人生がなかなか変わらないのは、「開運ルーティンが習慣になっていないから」です。

もっと言うと、**「よい習慣が身についていないのではなく、悪い習慣が身についていることが多い」**のです。

ダイエットなどは一番分かりやすいでしょう。

人の体型は、その人の食習慣や運動習慣の結果として表れたものです。

ダイエットを始め、食事を健康的にし、運動を習慣にしていくと、その結果として体重は減っていきます。

いい感じに痩せてきたら気持ちが緩み、リバウンドをするのですが、元々やっていた食習慣に戻し、運動もしなくなれば元に戻るのは当然で、それも習慣がリバウンドという結果として表れたものです。


私たちの波動も同じです。

「ビジョン・状態・行動」といったポイントはありますが、それを**習慣として実行することで、あなたの波動が変わり、ラッキー・バイブレーションとなり、運がよくなっていきます。**

逆に、習慣が元に戻れば、波動は元に戻り、運も元に戻ります。

鍵は習慣です。

お伝えすることを日々実践していってください。

そしてずっと続ける習慣にしていってください。

## 「小さな習慣」を続けると、大きく変わる

弊社には、「人生を変えたい！」という様々な方がいらっしゃいます。

そういった人の中には、これまで様々なところで学んできた方も少なくはありません。

そんな人の中でよく見受けられるのが、「人生が大きく変わる一手を探している」ことです。

それを探し、「これは違う」「これも違う」と、様々なところを転々としているのです。

**人生を大きく変える一手、それはないというよりも、脳が変化を妨げます。**

人の脳には、「安定化志向」「可塑性《かそせい》」という、変化に対しての二つのメカニズムがあり

ます。

安定化志向とは、現状を安定に保つというメカニズムで、可塑性とは、少しの変化は許容するというメカニズムです。

脳は変化に対してこのメカニズムが働くため、現実を大きく変えようとすると、脳が大きな変化が起こらないように働きます。

これが、人生を大きく変える一手が見つからない理由です。

それは波動も同じで、**波動を大きく変えようとすると、脳がそれを妨害し、大きな変化を起こさせないようにします。**

それではどうしたらいいかというと、**「小さく変える」**ことです。

しかも最初は一つから。

一つを小さく変え、それが習慣になってきたと思ったら、二つに増やす。

二つ目も大きなことはせず、小さく変える。

二つ目が習慣になったら三つ目……、そうやって少しずつ変えることに取り組み、その数を増やしていってください。

一つを大きく変えようとすると、脳のメカニズムではじかれますが、小さく変化することを数個取り組むことで、結果的に大きく変化していきます。

そうなるころには脳も変化に慣れているので、より変わりやすくなります。

本書では様々なポイントをお伝えしますので、できるところからちょっとずつ、しかも確実に取り組んでみてください。

まずは一つ、それができたら二つ、そうやって一つずつ取り組んでみてください。

**一気に大きな変化を与えすぎないことが、大きく変化するコツです。**

第1章

# 「ビジョン」が高い波動の世界に導く

小さな開運ルーティン 1

「いいことばかり」の人生を、1日1分イメージする

# いいイメージを常に持つ

あなたは、普段自分に対してどのような「想像」をしているでしょうか？

自分がどんな存在で、これからどうなっていくか？　**その想像どおりの人生を送ることになります。**

私たちの脳は「意識した情報ばかりを集める」という性質を持っているからです。

周囲には本当は様々な人、情報、言葉などが溢れていますが、あなたはそれらすべてに気づくことはありません。

**気づくのは、〝自分が意識している情報〟のみ**です。


たとえば、車をお持ちの方は、その車を買おうかどうか検討しているときに、同じ車を街中で見かけることが増えた経験があることでしょう。

お子様をお持ちの方は、妊娠、出産の際に、芸能人の妊娠、出産のニュースが増えたように感じられたことがあると思います。

それらは、これまでも同じように自分の周囲にあったものなのに、自分が意識しているから脳がそればかりを集めた結果起こることです。

試しに、今日1日「赤い車を見よう」と意識してみてください。

普段よりも赤い車が増えたように感じます。

**私たちの脳は、意識した情報ばかりを集めます。**

自分が自分のことを「素晴らしい」と思っていたら、自分が素晴らしいと思えるような現実や情報を集め、自分が自分のことを「ダメだ」と思っていたら、自分がダメに思えるような現実や情報を集めます。

**「何を意識するのか」によって、現実は変わってくる……、というよりも、「見える現実が変わってくる」**ということです。

そしてこのことは、運にも密接に関わっています。

「自分は運がいい」と思っている人は、運がいい現実や情報ばかりを集め、「自分は運が悪い」と思っている人は、運が悪い現実や情報ばかりを集めているだけです。

**幸運の波動、ラッキー・バイブレーションを持っている人は、いつも運がいい状態を想像しています。**

以前、サッカーの日本代表で長く活躍された中村俊輔選手と、ラグビーワールドカップ2015の日本代表で活躍された五郎丸歩選手の対談で、イメージのことに言及されている記事がありました。

試合の後、当然いいプレーもあれば悪いプレーもあるものですが、二人とも悪いプレーは見ないと言われていました。

中村選手も、失敗したことは試合の帰りに反省はするが、家に着いたら逆にいいシーンだけをイメージし、そのイメージを練習で刷り込むといったことを言われていました。

**一流の人たちは、そうやって悪いイメージはせず、いいイメージを常に持つようにしています。**

それが試合の中での一瞬の判断、一瞬のプレー、一瞬のひらめきに影響を与えることを知っているからです。

あなたの現実でも同じです。

ラッキー・バイブレーションを身につけている人は、常にいいビジョンを持っているため、たくさんある現実の中から運のいい情報をキャッチし、運のいい人と出会い、運のいい行動を選択し、結果的に運のいい現実が訪れていきます。

どんなマイナスな現実が訪れても、ピンチがチャンスに変わっていきます。

ラッキー・バイブレーションを身につけたあなたの現実は、どのようなものでしょうか？

そのビジョンは、見える現実に影響を与えていきます。

いいビジョンを設定し、運気を向上させていきましょう。

routine

# 1

# 「どうなりたいか」「どうありたいか」を1分イメージ

あなたは、**「どんな未来を実現したい」**でしょうか？

**「どんな自分でありたい」**と思うでしょうか？

**それが「ビジョン」です。**

ラッキー・バイブレーションを身につけたビジョンとは、実のところ**「あなたが勝手に決めていいもの」**です。

つまり、自分は「どうなりたいか」「どうありたいか」をイメージするだけです。

あなたにとって都合のいいイメージをして大丈夫です。

**それを明確にしましょう。**

この「明確さ」がとても大事なので、**「どうなりたいか」「どうありたいか」を、ノートやパソコンに向かって、たくさん書き出してみてください。**

様々な夢を実現している人ほど、**「やりたいことのリスト」**がたくさんあります。

とはいえ、いきなり「書き出しましょう」と言ってもなかなかすぐにはできないものです。

やりたいことが出ない人の要因には**「心理的要因」「環境要因」**があり、それらをクリアすることで、ワクワクするビジョンが出てきます。

まずは心理的要因ですが、それは**「こんなこと思っていいの？」「どうせ無理じゃない？」「私なんて……」といった心の声**です。

いきなりやりたいことを書き出そうとすると、そんな心の声がブレーキとなって、うまく出ない方が多くいます。

**そんなときには、「自分への許可」を意識してください。**

**自分への許可とは、「○○させてあげる」というメンタリティのことです。**

なかなか書き出せない人の多くは、この自分への許可が下りていない人がとても多いのです。

そんなとき人は、「自分を疑うモード」に入っているので、それを**「自分にどんなことをさせてあげたいか」という許可モードに切り替えてあげる**ことです。

そうすると視点が変わり、いろいろと出てきます。

はじめにでもご説明しましたが、**ビジョンを考えるのは「1回1分間」**です。

1分たったら、思うようなビジョンが出なくても、その日は終了です。

**毎日1分間だけ、ビジョンを考える時間を設けましょう。**

毎日1分間考える時間を持つこと、そして自分への許可を意識すること。

それらを毎日していくと、あなたの心が少しずつ少しずつ柔らかく変化していきます。

それを毎日考える時間を持つことで、あなたの脳が「やりたいこと」だけではなく、「自分に許可を出してあげていい理由」など、たくさんの情報を集め出します。

そうやって、あなた自身のモードが変化していきます。

だらだら考えても、心に制限がかかったままではアイデアは出ません。

「考えるのは1回1分」です。

出なければその日はそれでオッケー。翌日また1分という時間を取り、新鮮な気持ちでビジョン出しをしてみることです。

「今・現在」のことを英語でpresentと言います。

「今・現在」というのは、過去の自分が自分に対して許可を出し、プレゼントしてあげた結果として成立しているからだと感じます。

今の自分が自分に許可を出し、プレゼントしてあげた分だけ、未来の現実が変わります。だからこそ、より自分に許可を出し、未来の自分にたくさんのプレゼントをあげてください。

やりたいことがなかなか出ないもう一つの環境要因ですが、それは**「日常の場所で出そうとすると、思考が日常の範囲から抜け出ない」**というものです。

いつもの部屋や机の上で書き出そうとすると、やりたいことが出るどころか、やるべきタスクなどが思い浮かんで、なかなか出なかったりします。

これは環境と思考との関係が原因です。

大事なのは、**「非日常の場所」で書き出す**ことです。

自分が将来やりたいことを書き出すわけですから、未来の自分がいそうな場所やよく訪れそうな場所、訪れたいと思っている場所で書き出すと、いろいろなアイデアが湧いてきます。

毎日取り組むのは日常の場所にはなるでしょうが、休日などは気持ちのいい場所やパワースポット、自然の中、高級ホテル、ホテルのラウンジなど、あなたの心がワクワクするような場所に行ってみて、1分間だけ取り組んでみると、様々なワクワクすることが出てきます。

ただし経験上、海でやろうとすると癒されすぎてすべてがどうでもよくなり、あまり書き出せないので、自然の中に行くときは山のほうがより出しやすいと感じます。

たまには、**非日常の場所で、自分自身にたくさん許可を出し、「どんな未来を実現したいか」「どんな自分でありたいか」を書き出してみましょう。**

routine

# 2 「ビジュアル化」して1分眺める

**「どんな未来を実現したいか」「どんな自分でありたいか」がある程度明確になってきたら、次に明確な「ビジュアル化」をしましょう。**

イメージしやすいような絵を描いてもいいし、その現実に近い写真や絵を集めるのも有効です。

ビジュアル化に関しては、一度時間を取ってまとめてみてください。

お勧めなのは、望月俊孝さん（ヴォルテックス代表）がお伝えしている「宝地図」です。

大きめのコルクボードを用意して、自分が実現したいことの写真やイラスト等を集め、言葉とともにそれをコルクボードに貼っていくというとてもシンプルな方法です（参考文献：『見るだけで9割かなう！　魔法の宝地図』KADOKAWA）。

私たちの脳は、現実の出来事と架空の出来事の区別がつきません。

また、私たちが見ている現実だけではなく、頭の中でイメージしたことも、脳は「それは現実」と認識します。

宝地図を見て、その状況をイメージしていくと、脳の中ではそれが現実に起こっていることだと勘違いするため、少しずつあなたの波動がラッキー・バイブレーションに変わっていきます。


そうやって**ビジョンをビジュアル化したら、今度は「言語化」をします。**

「私は、将来○○になる！」

「私は、○○の仕事で成功する！」

「私は、○○という場所に住んでいる！」

など、絵や写真を見ながら、自分の願望を短い言葉にします。

その言葉は紙に書いて、コルクボードに貼りつけましょう。


ビジョンは、より明確であれば効果が大きいです。

**明確さは、イメージよりも言葉のほうが上がります。**

イメージしたことを言葉に落とし込むことで、よりラッキー・バイブレーションを身につけやすくなります。

ビジュアル化したビジョン、言葉に落とし込んだビジョンは、ことあるごとに、特に毎日寝る前には、1分ほど眺めるようにしてください。

未来の自分をイメージし、その言葉を見ることで、ラッキー・バイブレーションが身についていきます。

## routine 3

## ビジョンの1分「アップデート」がツキを呼ぶ！

ビジョンは、一度つくったら終わりではありません。

常にアップデートしていきましょう。

自分への許可をたくさんして、非日常の場所で書き出すということをしてみても、それが実現していないうちは、やはり漠然としたものになってしまいます。

毎日1分間ビジョンを書き出すことをしていくと、ビジョンにまつわる情報が入りやすくなったり、目にしやすくなったり、人との出会いも少しずつ変わっていきます。


そうすると、そういった様々な情報から、これまでよりもさらに明確なビジョンを描きやすくなるので、**ビジョンは、常に「アップデート」を重ねることが大事**です。

たとえば、ビジョンを設定後に出会った人で「この人は素敵！」とか、「この人みたいな人生っていいかも」と思った人がいれば、その人のことをよく観察し、自分の「どんな未来を実現したいか」「どんな自分でありたいか」に加えましょう。


ときには**「このビジョンは、ちょっと違っているかも？」「私の望む姿と違うかも？」**という直感を感じることもあります。

そのときは、**思い切って「軌道修正」することも大事**です。

大切なのは、**「どんな未来を実現したいか」「どんな自分でありたいか」**ということです。

これまではイメージが漠然としていたため、誤解してビジョンを設定してしまっていることもあるので、**「やめる」ということもアップデートの一つ**であることを認識しておいてください。

「直感」は、あなたの本心を表していることが多いものです。

**1分間考えて気持ちが変わらないなら、その直感に従って軌道修正しましょう。**

ビジョンは具体的であればあるほど、ラッキー・バイブレーションが身につきます。

そして**情報を集め、人と出会い、アップデートすればするほどビジョンは具体的になり、ラッキー・バイブレーションが強化されていきます。**

**一度出したビジョンに固執せず、常に意識的にアップデートや軌道修正をしていくことも大事な作業です。**

routine 4

# 定期的な「見直し」が、運気を高める！

ビジョンをビジュアル化、言語化していくと、普通の人よりも様々な情報が集まり、新しい人との出会いも起こってくるようになります。

それに合わせて自分のビジョンをアップデートしていくといいのですが、そのときには自分自身も成長しているものです。

そうすると、**今までにない考え方を持つようになり、今までにない価値観を大切にするようになり、思い描くビジョンも少しずつ変化していきます。**

つまり、**定期的に「ビジョンを見直す時間」を持つことがとても大切**です。

その場合も、1分間を目安に行ってみましょう。

それまでビジョンを書き溜めてきたノートやパソコンのファイルを眺め、短時間でチェックをすることです。

直感的に違和感がなければ、作業は終了です。

そのチェックを月1回くらいは行ってください。


「経営者の一番の仕事は、月に1回は日常から離れ、会社のビジョンを描くこと」

これは、お世話になった経営コンサルタントの中井隆栄先生がことあるごとに言われていたことです。

ただ、定期的なビジョンのチェックを続けたら、半年に1回、1年に1回くらいは、しっかりと時間を取って、ビジョンを設定し直す機会を設けることも大切です。


そのときには、これまで持っていたものはいったん忘れ、一から作成するくらいのほうがいいでしょう。

結果的に同じビジョンが出ることは往々にしてありますし、人によっては、アップデートを重ねることで自分が成長し、今まで出なかったその先にある成長したビジョンが出ることもあります。

また人によっては、今までは思ってもみなかった大きなビジョンが出てくることもあります。

前述したように、出てくるビジョンは「自分への許可」が大きく影響しているため、**自分が経験値を増やし、成長することによって、自分への許可の度合いが深まれば、それに応じて今まで出なかったビジョンが出たり、思ってもみなかった大きなビジョンが出る**のは当然のことです。

年末は来年の目標を設定するのにいい機会と思われる方が多いですが、年末は忙しい人や会社が多く、世の中の波動が少し焦りの波動になっていて、その影響を受けて心が落ち着かずに、じっくりと向き合うことが難しいこともあります。

経験上、来年の目標を設定するときには年末ではなく、11月のうちにしたほうがいいと実感しています。

もちろん日常から完全に離れ、仕事のことなど気にならずに籠れる人は、年末でもまったく問題ありません。

routine

# 5 新しい「セルフイメージ」を決める

「セルフイメージ」というものをご存じでしょうか？

日本語では「自己認識」と言いますが、**「自分が自分のことをどのように思っているか」がセルフイメージというものです。**

私たち一人ひとりが見ている現実は、自分のセルフイメージに合うものを見ています。

自分自身のことを「自分は素晴らしい」と思っていると、あなたの目に映る現実や、耳に入ってくる情報は、あなたが素晴らしいと思えるようなものになります。

逆に自分自身のことを「自分はダメだ」と思っていると、あなたの目に映る現実や耳に入ってくる情報は、あなたがダメだと思えるようなものになります。

ほとんどの人は「現実がこうだから自分はダメなんだ」と思っていますが、本当は逆です。

**自分がそう思っているから、そのセルフイメージ（自己認識）に見合う現実が見え、情報が入ってきています。**

これを言ってしまうと元も子もないですが、運がいいかどうかも同じで、「自分は運がいい」と思っている人は、運がいいと感じるような現実や情報を集め、「自分は運が悪い」と思っている人は、運が悪いと感じる現実や情報を集めています。

要は「セルフイメージがすべて」ということで、だからこそセルフイメージを高く持っておくことがとても大事なのです。

「セルフイメージを高くしましょう」と言っても、多くの人はすぐにそうできるわけではありません。

なぜなら、**「今までの人生で、今のセルフイメージよりも高いセルフイメージの現実や情報を見てきていない」**からです。

今のセルフイメージに見合う現実や情報にしか触れてきていないので、今よりも高くしましょうと言ってもなかなか実行することができません。

**セルフイメージを高めるためにまず大切なのは、「セルフイメージを高くするための材料を集めること」です。**

セルフイメージを高くするための材料は、意外にもたくさんあります。

次のことを書き出してみましょう。

- **人から褒められたこと**
- **人から言われたお世辞**
- **周囲の人に「自分のいいところ」を聞いてみる**

**書き出したそれらは、「自分の中にあるのに、あなたがスルーしてきたあなた」です。**

**まずはそれらを受け取りましょう。**

そして次に、

- **憧れる人と「どんな部分に憧れるのか？」**

を書き出してみましょう。

**書き出したそれらは、「自分の中にあるものの、まだ開花していないあなたの要素」です。**

**それらは開花していないだけで、本当はあなたの中にあるものです。**

「自分の中にあるのに、あなたがスルーしてきたあなた」
「自分の中にあるものの、まだ開花していないあなたの要素」
を見てください。

**それらが開花した自分を想像してみると、結構素敵な自分像ができ上がるでしょう。**

それらは自分の中に確実にあるため、今から、半信半疑でもいいので**「自分はこうなんだ」と決めてみてください。**

今のセルフイメージは、過去のあなたが「そうなんだ」と決めたあなたです。

過去のあなたが決め、その後にそれに見合う現実や情報を集めてきただけなので、これからのあなたのセルフイメージも、今のあなたが決めればいいことです。

「こうなんだ」と決めると、脳はそれに見合う現実や情報を集め出します。

そうやって、新しいセルフイメージに見合う材料をたくさん集めていってください。

routine
6
# マイナスも含め「そのままの自分」を認める

新しい、素敵なセルフイメージを決めたり、セルフイメージを高くしようとすると、ある現象が起こります。

**「自分の中のマイナスの自分が気になりだす」**というものです。

マイナスの自分、たとえば「頑張れない自分」「うまくできない自分」「情けない自分」「弱気な自分」「すぐに怠ける自分」などです。

多くの人は、それらのマイナスの自分を克服することで、素晴らしい自分になれると思っています。

マイナスの自分を克服するための情報を集め、メソッドを集め、何とか克服しようと取り組みます。

克服すれば素晴らしくなれると信じて……。

しかし、そのアプローチでは、素晴らしい自分になることは一生できません。

なぜなら、**マイナスの自分を克服することはできない**からです。

じつは、マイナスの自分を克服しなくても、その自分を持ったまま素晴らしい自分を実現していくことはできます。

私はこれまでに、たくさんの成功者や素晴らしい人たちにお会いしてきましたが、皆さん「変な部分」をたくさんお持ちの人たちでした。

しかもその変な部分は、その人だから「変な部分」と見えますが、ほかの普通の人がその部分を持っていると、その部分は「ダメな部分」となり、その人からすると克服対象になるであろうことばかりです。

素晴らしい人たちは、その変な部分を持ちながら、同時に素晴らしい部分を開花させています。

「本当の自分探し」をする若者がいたり、「本当の自分を見つける」といったセミナーなどもありますが、本当のところは素晴らしい自分、できる自分、思いやりのある自分、頑張れない自分、うまくできない自分、情けない自分、弱気な自分、すぐに怠ける自分など、それらすべてを持つ自分こそが本当の自分です。

セルフイメージを高くしようとすると、「でも自分の中にはこんな（ダメな）自分がいるのに……」と多くの人は思うものですが、**「マイナスの部分を持ったそのままの自分」を認めてあげましょう。**

とはいえ、それがなかなかできません。

これまでの人生で、ダメな部分を克服すればうまくいくと信じ、ダメな部分に対してダメ出しばかりをしてきたのに、急に「ダメな部分を認めるといい」と言われてもすぐにはできないのも無理はありません。

そんなときには、

- **ダメ出しをしていることに気づく**
- **その自分にまつわる感情をクリーニングする**
- **お風呂の時間に自分を抱きしめる**

ということに取り組んでみてください。

## ■ダメ出しをしていることに気づく

なかなか自分を受け入れられない人は、無意識的に自分のことをたくさんダメ出ししていたりします。

「だから自分はダメなんだ……」と思ったときには、「どの部分を否定していたのか？」ということ感じてみてください。

そしてその部分を書き出してみてください。

## ■その自分にまつわる感情をクリーニングする

「自分が否定している部分」に気づいたら、それを持った自分にまつわるエピソードがあるはずなので、それを思い出してみてください。

そのエピソードを思い出そうとすると悔しい感情、悲しい感情、怒りの感情、恥ずかしい感情、情けない感情、感情とも言えないモヤモヤ感など様々な感情が出てくるので、それを後述する「感情のクリーニング」のワークで吐き出してください（74ページ参照）。

エピソードが思い出せないときには、「私は○○です（○○にはマイナスの自分が入ります）」と言葉として唱えながら感情のクリーニングをしていくと、様々な感情が吐き出されます。

## ■お風呂の時間に自分を抱きしめる

お風呂に入ったときでいいので、自分で自分を抱きしめ、「自分でいいよ」「自分大好き」と言ってあげてください。

現実を生きていると、なかなか人から「いいよ」「大好き」と言ってもらえる機会はありません。

でも、自分が自分に言ってあげることはできるので、自分を抱きしめて、自分自身に言ってあげてください。

これらのことに丹念に取り組んでいくことで、今のそのままの自分が癒されていきます。

人には、ダメな部分はたくさんあります。

それと同時に、素晴らしい部分もたくさんあります。

自分の中にダメな部分があるからといって、素晴らしい部分をも否定するものではありません。

ダメな部分も素晴らしい部分も両方ともあるのがあなたであり、それが人という存在です。

ダメな部分を否定することも克服することも必要ありません。

ダメな部分があるから、セルフイメージを高くできないこともありません。

**「ダメな部分を持ったそのままの自分」を認めてあげてください。**

第2章

# 土台を満たして「状態」を上げる

小さな開運ルーティン2
「身体・心・エネルギー・環境」を1日1分セルフケア

# 自分の「身体・心・エネルギー・環境」を整える

**ラッキー・バイブレーションを身につけるために、「自分の状態を整える」ことは必須です。**

開運法の多くは、行動することに重きを置いていることが多いのですが、じつは状態を整えないことには運気はよくはなりません。

**今自分がどんな状態なのかによって、取る行動の波動が変わるからです。**

波動の高い状態で取る行動はいい成果に結びつきますが、波動の低い状態で取る行動は思わしくない成果になります。

状態を整えないことには、何をしたとしてもうまくはいかないということです。

状態を整えるには何が必要かというと、**「身体・心・エネルギー・環境」**です。

世の中には身体を整える技術、心を整える技術、エネルギーを整える技術、環境を整える技術、それぞれがあります。

しかし、じつはそれらはすべてが相互作用し合っています。

身体が整わないと心が乱れます。

心が乱れると環境も乱れます。

身体・心・エネルギー・環境のそれぞれが相互作用しているため、それらのできるところから整えていくことが、ラッキー・バイブレーションを身につけるための鍵となります。

## routine 7
## 毎朝1分、「体調」チェック

人の身体は、毎日様々な要因で状態が変わります。

睡眠時間、疲れ度合い、懸念事項があるかどうか……、そんな様々なちょっとしたことで状態が変わるため、毎日同じリズムで暮らしていると、知らず知らずのうちに自分のいい状態から離れてしまいます。

自分にとっての理想的な生活リズムというものは、その日その日の身体の状態で変わります。

だからこそ、**「毎朝1分間、自分に問いかける」ことが大事**です。

「今日の自分の状態はどうだろうか、今日は何をしっかりしようか、今は何を始めようか」など自分に1分くらい問いかけ、ざっとでいいので、その日の行動を考えてみてください。


**毎日「今日の状態はどうだろうか?」と、まずは自分の身体をスキャンしてみましょう。**

・睡眠時間はどうだったか?
・身体に疲れはたまっていないか?
・おなかの調子はどうだろうか?
・心にストレスはかかっていないか?
・忙しくて自分を疎かにしていないか?

そうやって自分自身に想いを寄せることが、とても大切です。

そして、身体の状態に応じて、1日のリズムを考えましょう。

睡眠時間が少ないなら、早めに寝られるように考える。

疲れているなら、無理をしすぎない。

おなかの調子が悪いなら、胃に負担をかけないような食事を意識する。

心にストレスがかかっていたり、自分のことを大切にできていないと感じたら、マッサージに行く時間を取ったり、カフェで自分だけの時間を持つ計画を立てる。

そうやって毎朝1分間、自分自身のことを意識する時間を持つだけで、1日の過ごし方は変わってきます。


人の身体も心も日々変化しています。

日々のタスクに追われたり、無意識的に日々「やるべきこと」に追われていると、身体や心に負担がかかり、知らず知らずのうちに波動は下がってしまいます。

毎朝1分間、自分自身に問いかけるルーティンを取り入れましょう。

routine 8

# 毎日1分、「感謝」してみる

毎朝1分間自分に問いかける時間を持ったら、次は**「感謝の時間」**をつくることをしてみてください。

感謝できることがなくても問題ありません。

**1分間だけ「何かに感謝できないか？」と考え、「感謝する時間」をつくる**ことです。

- 神様
- ご先祖様
- 両親
- 家族
- 仕事
- お客様

・友達
・恋人

誰にでも、どんなことでもいいので、「何か感謝できないか？」と1分間だけ考える時間をつくるようにしてみてください。

朝できなければ夜でもいいですし、朝晩両方でもいいでしょう。

これは道徳的なお話ではなく、ただ単純に「感謝できることが多いと幸せなことが増える」からです。

現実には、視点を変えるだけで感謝できることはたくさんあります。

しかし、人は普通に生きているとどうしてもそれを忘れ、結果として「幸せが見えない状態」になってしまいます。

毎日1分間感謝の時間をつくると、何も変わらなくても幸せが増えます。

その状態でいると、「同種のものが引き寄せられる」という波動の法則が働き、さらに幸せな出来事が増えていきます。

毎日1分間、感謝の時間をつくってみてください。

最初は何も思い浮かばなくても全然問題ありません。

感謝の時間をつくるだけで大丈夫です。

毎日根気よくその時間をつくっていくことで、脳のモードが変わり、「感謝」にまつわるたくさんの情報が集まってくるようになり、やがて感謝だらけの現実に変わっていきます。

routine

## 9 毎回1分、「口角」を上げて深呼吸

私たちの日常の中では、いい状態もあれば悪い状態もあります。
気分はすぐに変わりますし、さっきまで波動が高かったのに、嫌なことや思わしくないことがあったときには、すぐに低くなってしまいます。
そんなときに、手っ取り早く自分の状態を整える技術が**「口角を上げて深呼吸する」**です。

それだけで自分の状態が変わり、思考が変わり、思いつくことや見える世界が変わります。

**口角を上げた深呼吸は、一瞬で、しかも簡単に、誰でもできる「開運法」です。**

昔から「笑う門には福来る」と言いますが、この言葉は本当で、いつも笑っている人には面白い出来事が起こったり、愉快な人が集まるようになっています。

逆に、仏頂面で不機嫌な表情をしている人は、ネガティブな現実に遭遇しやすくなり、同じように不機嫌な人と出会いやすくなります。

「顔相《がんそう》」という学問がありますが、その人の顔の形を見て、どんな現実、どんな人生になるかを読み取るもので、幸せそうな顔をしていれば幸せな現実が展開し、幸薄そうな顔をしていると幸せは遠のきます。

だからいつも笑っているといい、とは言うものの、日常の中ではいつもいつも面白いことがあるわけではありません。

**そんなとき、鏡に向かって口角を上げてみてください。**

**鏡に映ったあなたの笑顔を「1分間」見ていましょう。**

**なんとなく、楽しい気持ちになってきます。**

**面白いことがなくても、口角を上げるだけで、脳は笑っていると勘違いし、笑っているときと同じように働き出すのです。**


**口角を上げたら、次は「呼吸」です。**

呼吸を深くすることは、一瞬で波動を変えるとても便利なアプローチです。

私たちはストレスがかかると、知らず知らずのうちに呼吸が浅く短くなってしまいます。

逆にリラックスしているときには、自然と呼吸が深くゆっくりとしたものになります。

そして、**呼吸が浅いときにはネガティブな出来事が起こりやすくなり、呼吸が深いときにはよい出来事が起こりやすくなります。**


呼吸は「血液」にも影響を及ぼし、呼吸が浅くなると血液中の酸素濃度が少なくなり、赤いはずの血液は黒ずんできます。

黒ずんだ血液が全身をめぐっていると想像すると、体によくないことが容易に想像できます。

逆に呼吸が深いときには血液中にたくさんの酸素が含まれ、結果として血液は赤くなります。

呼吸は、私たちの体調にも大きな影響を及ぼしており、**深い呼吸をすることで身体がいい状態になっていきます。**

以上のことから、口角を上げること、そして深呼吸をすることの大切さが理解いただけると思います。

何か嫌なことがあったら、まず口角を上げて深呼吸。
上司に呼び出されて怒られたら、口角を上げて深呼吸。
寝坊して遅刻しそうになったら、口角を上げて深呼吸。
昨日の喧嘩を思い出して腹が立ってきたら、口角を上げて深呼吸。
**どんなときにも「口角を上げて深呼吸」を意識してください。**

routine
10

# 1分間、「感情」クリーニング

ラッキー・バイブレーションを身につけるには、心の状態もとても大切な要素です。

**心の状態の鍵になるものの一つが「感情」です。**

多くの人は、心の中にたくさんのマイナス感情をため込んでしまっています。

**ネガティブ感情はエネルギーを持っているため、それを抱えたままにしていると波動が下がり、運気は停滞してしまいます。**

たとえば「怒り」をため込んでいる人の場合、それと同じような怒りを経験する出来事が起こりやすくなります。

そうなると、現実が怒るような出来事ばかりになってしまいます。

怒りだけでなく、悲しみ、憎しみ、悔しさなども同じです。

それらの**マイナス感情をクリーニングし、心の中からなくしていくと、今まで起こっていたその感情を経験するような出来事が自分の現実からなくなり、起こらなくなっていきます。**

クリーニングをしていくことで、以前なら怒っていたような出来事が起こったとしても、不思議と腹が立たなくなります。

これまで起こっていた不運と思うような出来事は、感情をため込んでいるから起こっていたということもあります。

特に嫌なことが起こった日は、その感情をクリーニングすることでマイナス感情をため込まない状態になっていきます。

**そうやって心の中にマイナスのエネルギーをため込まないようにすることで、運気は上がっていきます。**

そんな感情のクリーニングをどのようにすればいいかというと、とても簡単にできるワークがあります。

とても簡単ですが、作用は強力ですので、ぜひ実践してみてください。

## ■今日のイヤな事1分間クリーニングワーク

1．白紙とペンを用意します。※ペンはインクがすぐになくなるため、100円ショップで売っているような安いペンをお勧めします。

2．今日1日の出来事を思い出しながら、白紙にペンでグルグルと円を描くように書きなぐってください（文字を書くのではありません）。
特にマイナスの出来事を思い出してください。

悔しかったこと、腹が立ったこと、悲しかったことなど、どんなものが出てきてもオッケーです。

それらを思い出しながら、手はグルグルと動かし、白紙に書きなぐってください。

グルグルと書きなぐることで、それにまつわる感情が紙に吐き出されていきます。

時間は1分間だけで大丈夫です。

ですが、いろいろと嫌なことが重なった日で、1分経ってまだ出そうなら出し切ったほうがいいので続けてください。

3．1分間書きなぐり終えたら紙をビリビリに破り、できれば火で燃やしてください。

燃やすことで、その感情が浄化されていきます。

火で燃やすことが怖い方は、水に溶ける紙があるので、それを買ってきてその用紙に書き出し、最後は水に流していただいても結構です。

この「火で燃やす」、もしくは「水に流す」をするかしないかで効果は大きく変わるため、ここまでやって完了させてください。


このシンプルな方法で、その日にあった嫌な出来事にまつわるマイナスの感情を次の日に持ち越さなくなります。

あまり重く考えずに実行してみてください。


日々のことはこの方法でいいのですが、人の心の中には、これまで生きてきた中で経験した膨大な量の感情が入っています。

それを意識の中では忘れていたとしても、それを思い出せないというだけで感情がないわけではありません。

1分間クリーニングではありませんが、運気を上げていくには、これまでの人生でため込んだマイナスの感情をクリーニングすることも重要ですので、過去のあらゆるマイナス感情をクリーニングする「人生のクリーニング」の方法も紹介しますので、一度時間を取ってこちらも実施してみてください。

## ■人生のクリーニングワーク

1. 白紙とペンを用意します。※ペンはインクがすぐになくなるため、100円ショップで売っているような安いペンをお勧めします。
2. 負の感情を思い出しながら、白紙にペンでグルグルと円を描くように書きなぐってください（文字を書くのではありません）。

過去の誰か（両親、兄弟、祖父母、親戚、先生、友達、自分自身等）への悲しみ、憎しみ、怒り、悔しさ、苦しみ、満たされない想いなど、それらを思い出しながら、手はグルグルと動かし、白紙に書きなぐってください。

グルグルと書きなぐることで、それにまつわる感情が紙に吐き出されていきます。

また過去の出来事を思い出しているうちに、自然とそれに関連する様々な出来事がフラッシュバックすることもありますし、未来のことを想像していると、急に過去の出来事を思い出すこともあります。

そんなときは、思い出している状態に任せながら、グルグルと書きなぐっていってください。

3. すべてのことを一通り終えたら紙をビリビリに破り、できれば火で燃やしてください。燃やすことで、その感情が浄化されていきます。

火で燃やすことが怖い方は、水に溶ける紙があるので、それを買ってきてその用紙に書き出し、最後は水に流していただいても結構です。

この「火で燃やす」、もしくは「水に流す」をするかしないかで効果は大きく変わるため、ここまでやって完了させてください。

たくさんの感情があるため、この人生のクリーニングワークは一度だけでなく、最初のうちは何度も何度も取り組んでみてください。

一ヶ月ほど集中的に取り組んだ後も、自分の成長に応じて様々な感情が出てきますので、週に一度や月に一度、定期的に取り組むようにするといいでしょう。

routine
# 11
# 毎日1分、「本音」を探す

あなたは、自分自身をどのように扱っているでしょうか？

自分を大切に扱うことを「自己愛」と言い、疎かに扱うことを「自己虐待」と言います。

自分を愛し、大切に扱っている人と、虐待している人では、どちらが運気がよくなるでしょうか？　答えは明白で、自分を大切に扱っている人です。


メンタルの世界でよく言われる**「鏡の法則」**というものがあります。

自分の心の状態が現実に鏡となって映ると解釈されているのですが、もっと丁寧に解説すると、**「自分が自分に対してしている扱い方と同じ扱い方を世界からされる」**というものになります。

自分自身のことを疎かにしていると、あなたは現実世界で疎かに扱われます。

自分の心の声や身体の声を無視していると、あなたは現実世界で無視されます。

逆に、**自分自身のことを大切に扱うと、あなたは現実世界で大切に扱われます。**

これが鏡の法則です。


とはいえ、仕事柄多くの方のご相談に乗っていますが、「自分が何をしたいのか分からない」という方も少なくありません。

それくらい自分の心の声や欲求を我慢し、無視している人が多いということです。

もっと言うと、そういった人は現実世界で我慢を強いられ、その人の意見や想いなどは無視されてしまいます。

嫌なことでも我慢してやっていくことで、そのうちに幸せになれると思っていますが、自分の気持ちを無視し、自分に対して我慢を強い続ければ、その後もずっと自分を大切にされず、無視され、我慢を強いられる現実が続いていきます。

自分を大切に扱うためには、まずは、

## ・自分は何を望んでいるのかを知る

**・自分は何を拒否したいのかを知る**

という「自分の本心」を知るところから始めましょう。

**毎日1分間でいいので、「何をしたいのか」「どんな生き方をしたくないのか」を考えてみてください。**

特に「自分が何をしたいのか分からない」「自分がやりたいことが分からない」という方は、**自分が何を拒否したいかを感じ、それをやめてみることから始める**ことです。

自分に我慢を強いることが癖になっている人がそれをしようとすると、とても罪悪感を感じたりします。

「自分を疎かにし、自分の身体や心を蝕ませてしまうことをやめる」ことは、自己愛に基づく行為なので、素晴らしいことであると思ってください。

多くの人は、社会の中での常識や正しさ、「〇〇すべき」といったことに従うがゆえに、自分を疎かにすることを当たり前にしてしまっています。

自分にとって、自分を大切に扱うことほど大事なことはありません。

ぜひ、**「毎日1分間自分に問いかける時間」をつくり、自分自身を大切に扱ってあげてください。**

ここまでは毎日1分間取り組むことや、日常の中で気をつけるちょっとしたことをお伝えしてきましたが、ここからはそれにプラスして取り入れることで、さらに身体、心、エネルギー、環境の状態が整う開運ルーティンをご紹介します。

1分ではありませんが、それでも簡単にできて、即効性のあるものばかりですので、やりたい、やれそうと思えるところから取り組んでみてください。

routine

# 12

# 「清潔＆華やかファッション」で運気回復

普段どんな色のどんな形の服を好んで着ていますか？

じつは、**服装は、運気の状態を如実に表しています。**

女性の方はよくあることだと思いますが、幸せを感じているときに着る服と、ネガティブになったときに着る服では選ぶものが違うと思います。

恋をしていたら華やかな服装になり、失恋直後で自暴自棄のときには、いい加減な服装になったりします。

**「服装とその人の人生の状態や心の状態は、密接に関わっている」**ということです。

私の友人にパーソナルスタイリストの方がいるのですが、その方がクライアントに似合う服を買い、素敵にスタイリングしたとしても、数ヶ月後に会うと、元の服装に戻ってい

ることが多いと言うのです。

なぜかと言うと、**「いくらその人に似合っていたとしても、その人の心の状態とマッチしなければ、その人には居心地の悪い服装」**になるからです。

その人にとって居心地のいい状態に戻るため､元の服装に戻ってしまうということです。

どれだけ素敵だろうと関係ありません。

学生時代に先生が「服装の乱れは生活の乱れ」と言っていましたが、あれは本当で、服装が乱れると運気も乱れてきます。

セミナーなどで初めてお会いする方がいらっしゃいますが、私はその方がどんな服装をしているか、どんな色の服を着ているかなどをチェックします。

その理由もやはり、そのときに着てくる服、色などは、その人の人生の状態、その人の心の状態などが現れてくるからです。

それほどに服装と心の状態とは密接な関係があります。

逆もまた然りで、**服装を変えることで、心の状態、そして運気も変わってきます。**

**運気を上げるためにまず大切なことは、「清潔感のある服装」です。**

たとえば、波動の高い場所である神社は、常に掃除をし、清められています。

それと同じで、清潔であることはとても大事な要素となります。

汚れていたり破れていたりすると、それらがデザインであったとしても波動は乱れ、運気が悪くなります。

運気を上げたいのであれば、服装は清潔感のあるものにしたほうがいいのです。

**「華やかな服装」は運気が上がります。**

人目を引くような華のある人は、とても運がよかったりしますが、それを服装で演出することで、運気も同じように上がります。

**華やかな服を着たり、キラキラしたアクセサリーを身につけてみましょう。**

高価な宝石や時計などは、身を守ってくれるので、一つくらいは持っていてもいいかもしれません。

ちなみに、服は個人の趣味嗜好が多くあるものなので、好みで選ぶことを否定はしませんが、人は自分の波動と合う服装を好むため、**「自分がネガティブな状態になっているときには、波動の低い服装を好む」**ことは覚えておいてください。

服装が乱れてくると運気も下がってくるので、そのことを感じたときには、清潔感があって華やかな服を意識的に着るようにしてみましょう。

そのようなときには華やかな服を気に入ることはありませんが、それらを身につけ、違和感がなくなってくるにしたがって運気は回復していきます。

## routine 13

# シャワーより「入浴」が肝心

お風呂には毎日入っていますか？
**お風呂は、運気を変えるのにとても有効な習慣です。**
私のところには、人生が混乱の最中の方がよくいらっしゃいます。
これまで多くの方に様々な質問をさせていただきましたが、その中の一つが「お風呂に入っていますか？」というものでした。

　すると9割以上の方が、「シャワーで済ませている」と回答されました。

　**身体は「ゆるめる・温める」ことで、とてもいい状態になります。**

　その逆に、「固くなる・冷える」と、やがて病気になります。

　**「ゆるめる・温める」が手っ取り早くできるのがお風呂です。**

　シャワーが悪いわけではないのですが、お風呂に勝る効果がなく、シャワーで済ませているなら、それをお風呂に変えるだけで波動が高くなります。


　以前、社員研修で40代のある女性をフォローさせていただいたことがあります。

　その方は仕事と子育てが忙しく、自分の時間がなかなか取れず、身体は疲れ、心もネガティブになっていました。

　面談の際にお聞きすると、やはりお風呂ではなくシャワーで済ませていました。

　そこで毎日少しだけでもお風呂の時間を取り、その時間は何もせずに、ただ自分を労わるということを指導しました。

ただそれだけの指導でしたが、その効果は絶大で、彼女の表情は見違えるほど明るくなり、結果として仕事に取り組む姿勢も変わっていきました。

お風呂はそれだけ効果的な習慣なので、ぜひ取り入れるようにしてみてください。

ちなみに、人生が混乱の最中のシャワーで済ませている方に、「なぜお風呂に入らないのですか？」とお聞きすると、ほとんど返ってくる答えが、「時間がないから」というものです。

シャワーをする10分の時間を、お風呂に必要な30分に変えていく。

この20分を生み出そうとするときに何が起こるかというと、**「お風呂に入るまでの時間の使い方が変わる」**ということが起こります。

もっと具体的に言うと、**「お風呂に入るまでの無駄な時間が削られる」ということが起こり、お風呂に入るという行為を生み出すことで、生活習慣全体が見直される**ようになります。

ぜひ、お風呂に入る時間をつくってみてください。

routine 14

# 朝15分の「ウォーキング」を習慣に

**「朝15分～30分のウォーキングが幸福度を増し、波動を変え、運気がよくなります」**

そう言われたら、どのように感じますか?

「幸せホルモン」と呼ばれるセロトニンというホルモンがあります。

セロトニンが多く分泌されると、ストレスが軽減し、幸せを感じるようになり、その構造は精神安定剤とよく似た構造を持つようです。

人は自分の精神を安定させるホルモンを元々持っているということです。

そんな幸せホルモンであるセロトニンが分泌するのにお勧めなのが、

**・朝日を浴びる**

**・筋肉の緊張と弛緩を繰り返す「リズム運動」をする**

ことです。

それが冒頭でお伝えした「朝15分〜30分のウォーキング」です。

できたら、毎朝15分〜30分ほどのウォーキングを習慣に取り入れてみてください。

できるなら、自然や緑のあるところを歩くとさらに効果的です。

**ウォーキングを習慣に取り入れると、幸福度が増し、波動が変わり、ラッキー・バイブレーションが身につきます。**

運動というと、ジョギング、水泳、自転車に乗るなどをイメージする人もいます。

しかし、あまり激しい運動になるとセロトニンは分泌されにくくなるので、そういった運動に慣れていない人は、まずはウォーキング程度の軽い運動から始めるようにしてください。

激しい運動をして三日坊主で終わるより、物足りないくらいの軽い運動を続けるほうがよほど効果的です。

私は、朝と夜に30分程度、緑の多い公園の中を歩いています。

ウォーキングを始めて5年ほどになりますが、最初は10分ほどしか歩きませんでした。最初は毎日続けることを目標とし、慣れてくれば15分、20分と少しずつ多くしていき、今は30分程度で終えるようにしています。

ウォーキングには幸せホルモンを分泌し、幸福度が増す効果がありますが、じつはそれ以外に「アイデア出し」にも効果があります。**ウォーキングしているとき、私たちの脳は深い瞑想に近い状態になり、アイデアが出やすくなります。**

私自身も何かアイデアを出したいときなどは、机に向かって悩むのではなく、紙とペンを持ってウォーキングをするようにしています。

そして何かアイデアが出たら、その場で紙に書き留め、家に帰ってから整理します。

昔、弊社で実施していた合宿でのアイデア出しのとき、ある参加者が行き詰っていたため、「散歩をするといい」と指導し、実際に散歩に出かけたら、様々なアイデアがたくさん出て、その本人も驚いていたことがあります。

ウォーキングはアイデア出しにもいいため、考えすぎて行き詰ったときなどにもぜひ実施してみてください。

routine

# 15 「睡眠」の時間と質にこだわってみる

睡眠は仕事の質、体調など様々なことに影響を与えています。

睡眠の質の低下や時間が短くなると、健康に害を及ぼすだけでなく、鬱や不安傾向が強くなったり、仕事の質が落ちることが分かっています。

逆に、**睡眠時間をきちんと確保し、質の高い睡眠が得られれば、不安が軽減し、仕事の質もよくなり、結果的に波動が高くなり、運気も向上していきます。**

私が年間でコーチングやコンサルをさせていただいているクライアントから、「メンタルが落ちている」「うまくいかない」という連絡があったときには、様々なアドバイスとともに、「まずはゆっくりと寝ること」を指導します。

ゆっくり睡眠を取ることで身体や脳の疲れが取れ、メンタルは整い、現実が好転していくからです。

このように手っ取り早くラッキー・バイブレーションを身につけるには、「ちゃんと寝る」ことは必須です。

世界的作家の村上春樹さんは、あるＦＭ番組で「時間がなくてもやるべきは睡眠」と言っていました。

私の知っている成功者たちも、睡眠を大切にしている方がとても多く、皆さん経験的に睡眠がとても大事であることを感じているようです。


それでは望ましい睡眠時間はどれくらいかというと、平均的に7・5時間くらいと言われています。

これには個人差がありますので、どれくらい寝たら、日中眠くならなかったり、仕事がはかどるのか、自分のパフォーマンスと睡眠時間の関係を調べてみてください。

最近、睡眠時間を短くするショートスリーパーになるようなメソッドがありますが、それはお勧めできません。

これまでの人生でショートスリーパーではなかった人が睡眠時間を短くしていくと、仕事の効率もメンタルの状態も、もちろん体調も悪くなり、結果として運気も悪くなってしまいます。


**睡眠にこだわるには、時間も大事ですが、「質」にこだわるのも大切です。**


最低限必要なのは、**「真っ暗にして寝る」**ことです。

小さな光などがあるだけで睡眠の質は落ちるので、できるだけ真っ暗にして寝るようにしてください。

光で言うと、スマートフォンやパソコンが発するブルーライトは寝つきを悪くするので、寝る前にはスマホなどはあまり見ないようにしたほうがいいでしょう。

また寝る前に食べ物を食べたり、飲酒をすると、眠っている間に消化したり、アルコールを分解するため、睡眠の質が悪くなってしまいます。

私は、睡眠状態をモニタリングする指輪をつけ、日々の睡眠スコアを取っていますが、お腹がいっぱいの状態で寝たり、酔っぱらった状態で寝たときには、心拍数が朝まで高いままになってしまいます。

これは、意識は寝ていても、身体は消化やアルコール分解で忙しく、身体がゆっくり休まっていない状態です。

**寝る前の食事やアルコールは控えることで、睡眠の質は高くなります。**

睡眠のお話をすると**「寝つきが悪い」**というご質問を受けることがあります。

そんなときには**「温冷浴」**を試してみてください。

寝つきが悪いという人のお話を聞いていると、ストレスフルで、ずっと思考が働いているときにそのようになっていることが多いようです。

そんなときには布団に入っても思考が働き、自律神経が交感神経優位になり、うまく副交感神経に切り替わっていないようです。

交感神経が優位なときは、血管が収縮して血圧が上昇し、心身が活動的な状態になり、副交感神経が優位なときは血管が緩んで血圧が低下し、リラックスした状態になります。

ストレスフルなときには、自律神経の切り替えがうまくできなくなることがあるのですが、その**切り替えの機能を取り戻す効果があるのが温冷浴**です。

温冷浴は、まずお風呂でゆっくりと温まった後、1分程度水で身体を冷やします。そのとき冷たいのが苦手な場合は、手先、足先だけを冷やすのでも大丈夫です。そして冷やしたらまたお風呂で数分温まり、また水で冷やす、それを3~5セットほど繰り返し、最後冷やして上がります。

これをすると温まったときには副交感神経が、冷やしたときには交感神経がそれぞれ優位となり、自律神経の切り替えがうまく働くように回復します。

すると布団に入ったときに、うまく副交感神経に切り替わり、寝つきがよくなります。また副交感神経に切り替えるにはアロマを使ったり、癒しの音楽をかけたりといった方法もありますので、自分に合う方法を見つけるといいでしょう。

睡眠はこだわるポイントがいくつもあり、枕やマットレスをはじめ、様々なグッズもあります。

私自身も睡眠の質を上げる枕や、深い睡眠を持続させるギアなども試しています。ぜひ睡眠にこだわり、自分に合った睡眠方法を見つけてみてください。

routine 16

# 「栄養と水」を十分に摂ってますか？

自分の身体の状態を整え、波動を上げ、ラッキー・バイブレーションを身につけるには、栄養を摂ることはとても大切です。

睡眠不足になると不安や鬱傾向が強くなると前述しましたが、**栄養不足になっても同様で、不安や鬱傾向は強くなり、栄養が足りないと体調は悪くなり、波動は下がってしまいます。**

栄養は基本的には食事から摂ることが大事ですが、現代の野菜などは栄養が少なくなっているため、ビタミンやミネラルといった必要な栄養素についてはサプリメントなどで補うことも大切です。

栄養のことで気をつけておきたいのが、**「ドベネックの桶」「栄養の桶」**という考え方です。

必須栄養素を木の桶に見立て、栄養素のどれか一つが少ない状態だとその木の部分が空いているため、いくら水を入れても水がその部分から流れ出して満たされることがないというものです。

これは**「どれか一つの栄養素を摂取しても意味はなく、すべての必須栄養素をバランスよく摂取することが大切」**というものです。

栄養素はバランスよく摂取することが望ましいのです。

**栄養素と共に大事なのが「水」です。**

現代人は水が足りていないとよく言われます。

水が不足していると身体にたまった老廃物は流れにくく、血もドロドロになってしまいます。

1日に必要な水分量は年齢や性別、身体のサイズなどで異なりますが、毎日2～3リットル程度は必要だと言われています。

事実、水を飲むようにするだけで体調が改善される方もいるくらい、現代人は水が足りていないので、水を飲むことの効果は大きいのです。

そして、**食べ物やお酒に関しては、「量」も大切です。**

波動が低くなってくると、暴飲暴食するようになります。

食事もお酒もいつも適量を心がけることで、状態はよりよくなっていきます。

波動のことをお伝えしていると、「波動の低い食べ物」についてのご質問をいただくことがあります。

たとえば「牛肉や豚肉などは、殺されたときの感情が入っているので波動が低い」ということを言う人がいます。

私の感覚で言うと、**感謝をして食べたり、楽しく食事をしていると問題ありません。**

**私たちにはそのものの波動を変える力があり、自分の波動で食べるものの波動を変えることができます。**

波動や開運をお伝えしている私自身がお肉を普通に食べます。

もちろんいただくときには「ありがたいなぁ」という感謝の気持ちを忘れず、食事そのものを楽しみながらいただいています。

身体は大切な資本ですし、身体が健康でないと活動に影響を与えるので、「栄養、水、量、感謝の気持ち」など、意識して摂取してください。

routine
# 17
## 自然の中で「ストレス」解消

私たちは普通に生きているだけで、様々なストレスにさらされています。

テレビやパソコン、スマートフォン、インターネットなどからやってくる様々な情報、さらには電気製品などからの電磁波など、それらは気づきにくいレベルで人に影響を与えており、知らず知らずのうちに人の波動を下げ、生活のクオリティを落としてしまっています。

現代は、様々な外部要因によって、見える現実や入ってくる情報の質を下げてしまっているため、**月に一度くらいは自然の中でリフレッシュし、「ストレス」を解消することは、波動を高く保ち、ラッキー・バイブレーションを身につけるためにとても大切な習慣**です。

山や川、海など、定期的に自然の中に行くようにしましょう。

そのとき、できれば**スマートフォンなどは電源を切り、日常から完全に離れた状態にする**とより効果的です。

自然の中に入ったら**ゆっくりとした呼吸を意識**し、散歩をしたり、自然の中でくつろぐようにしてください。

意識を自分の内側でなく自然を感じる方向に向けていくと、より自然と一体化するような感覚となり、リラックスできます。

そうやって自然に触れることで、私たちの状態は勝手に整っていきます。

数年前に、裸足になって土の上や芝生の上などを歩く、「アーシング」というものが流行ったことがあります。

私たちの身体は、電磁波などのストレスにさらされていくと、身体の中に電気が溜まっていきます。

**アーシングとは、裸足になって土の上や芝生の上を歩くことで、溜まった電気を地球に放電することです。**

そうすることで、**電磁波などで低くなっていた波動が回復していきます。**

裸足になって土の上や芝生の上を歩いてもいいですし、川や海だと足を水につけるだけでも効果はあります。

水につけたときは、足の指先から悪いものを外に出すイメージで足裏をマッサージしてあげると、足がとてもスッキリし、軽くなるのでお勧めです。

自然はとても波動が高く、自然に触れ、どっぷりと浸ることで、波動はかなり変わります。

特にそういったことをあまりしていない人は、劇的に変化することもあります。

以前、仲間たちを連れて京都の海でワークショップ兼キャンプをしたことがありました。

ワークショップとはいえ、メインは海でただ浮いているだけというもの。

その参加者の中に、仕事に疲れ、しばらく休職していた男性もいました。

最初はしんどそうな顔をしていたのですが、ただ海にしばらく浮いていただけで表情は元気になり、その後日常生活も活力が戻っていったのです。

あのとき、自然の力の偉大さを改めて感じたものです。


私たちは、たくさんの電磁波にさらされた状態で生きています。

数年前は、第5世代移動通信システムの5Gの影響についてネガティブな情報がたくさん流れましたが、今やそんな情報はどこ吹く風で、5Gも私たちの生活の中で普通のインフラとなりつつあります。

そんな現代社会の中で、たまに自分の波動に対しての電磁波の影響を質問されることがありますが、私にしてみれば「もちろんある程度はブロックできますが、それは避けることは不可能なもの」という認識です。

これを書いているパソコンからも出ていますし、たくさんの恩恵を受けているスマートフォンからも出ています。

前述した5Gに関しても、私の会社のネット環境は5Gを使っていて、動画配信する際にはその回線速度の速さに助けられています。

電磁波の影響は避けては通れない、というのが現実です。

だからこそ、「どうせ受けるものだから、受けていることを前提として、定期的にケアをしておいたほうがいい」というのが私の考え方です。

月に一度など、定期的に自然の中に行く習慣を持ち、自分自身を整えることをしてあげてください。

routine

# 18

## 塩のお風呂で「邪気」をデトックス

私たちの身体のまわりには、オーラのようなエネルギーの層があります。

私たちは普通に生活しているだけで、そのエネルギーの層に**「邪気」**というものを受けてしまいます。

邪気というと、おどろおどろしいもののように感じますが、**「マイナスのエネルギー」**のことで、もっと具体的に言うと、**「人のマイナスの想念」**が邪気になったりします。

マイナスの想念というのは、たとえば怒り、不安、嫉妬、憎しみ、悲しみ、恨み、心配……といったもので、これらが邪気になります。

この邪気には、**「方向性を持ったもの」と「漂っているもの」**の二種類があります。

「方向性を持ったもの」というのは、たとえば、誰かに対しての怒り、誰かに対しての心配、誰かに対しての嫉妬などです。

それら怒り、心配、嫉妬などは、すぐにマイナスのエネルギーとしてその誰かに飛んでいき、その誰かのエネルギーの層につき、その人の波動を下げてしまいます。

「漂っているもの」というのは、漠然とした不安、漠然とした恐怖、漠然とした心配といったもので、それらは特定の誰かの波動を下げるものではありませんが、自分の状態が悪いとき、たとえば体調が思わしくないときや、自分を嫌い、否定しているときなどには、そういった漂っている邪気の影響を受けやすくなります。

邪気というと、にわかには信じられない冗談のようなものと思いがちですが、これが結構バカにできないものです。

邪気は目に見えないものですが、見えないからといって「ない」と判断するのは早計で、私たちは見えないものの影響をたくさん受けています。

そして、**邪気の影響を受けていると、知らず知らずのうちに思考がネガティブになったり、暴飲暴食をしていたり、昼夜が逆転していたりといったことが起こります。**

私の会社では邪気を浄化するサービスを提供していますが、浄化することで暴飲暴食がなくなり、それほど食べなくてもよくなって、無理せず痩せていっているという方は少なくありません。

浄化前はご本人も邪気を自覚できていなかったものの、そういったことがあって初めて「邪気の影響を受けていた」と気づいたりします。

それくらい〝知らず知らずのうちに〟影響を受けているものです。

波動を知らず知らずのうちに下げてしまうそんな邪気ですが、ある程度は日常的にケアすることができます。

それが**「塩のお風呂」**に入ることです。

**海由来の塩を一つかみほど入れたお風呂に入ります。**

その際たくさん汗が出て、たくさんの汗をかくことで邪気が身体から抜け、浄化されていきます。

塩についてよく聞かれますが、塩は1キロ何百円といったリーズナブルなもので結構です。

ただし、海由来のものに限ります。

**家のお風呂に疑似的な海をつくるイメージです。**

ヒマラヤ岩塩などは浄化にとても有効ではあるのですが、塩よりもお金がかかるので、お財布と相談しながらしてください。

**大事なのは、塩の種類やグレードよりも「実施する回数」です。**

邪気は日常的に受けるものなので、高い塩で1回やるよりも、安い塩で3回実施するほうが効果的です。

安くていいので、日常的に取り組むようにしてください。

またより状態がひどい日には、**「コップ1杯の日本酒」**も一緒に入れてお風呂に入るとさらに浄化されます。

このときの日本酒も、大吟醸といった高価なものではなく、コンビニなどでパックで売っているようなお酒で大丈夫です。

私は出張中に、セミナー↓コンサル数件↓YouTubeのライブ配信と、仕事が立て続けにあり、多くの人の前でお話をしたときなどには、スーパーでお塩とお酒を買ってきてお風呂に入り、自分の身体をリセットしたりしています。

汗をかくとかなりスッキリし、その後の仕事にいい感じで入っていけることを実感しています。

routine

## 19 思い切って「ものを断捨離」する

**「断捨離」**という言葉が当たり前に使われるようになりました。

断捨離をすると人生が変わると言われますが、それは本当です。

特に現実が停滞しているときや、何か思わしくないことが続いているときに、最も手っ取り早く流れを変える手段の一つが断捨離です。

余程のミニマリストではない限り、人は多くのものに囲まれて生活しています。そのもの一つひとつにも波動があり、私たちはそれらの影響を受け、波動の低いものに囲まれていると、必然的に私たちの波動も低くなってしまいます。

波動が低くなれば、思考もネガティブになり、見える現実も波動の低い現実が見えてくるようになっています。

**断捨離とは、それら波動の低いものを処分することで環境の波動を変え、そこに暮らす人が悪影響を受けないようにする手法です。**

自然界の法則で**「止まっているものは、エネルギーが淀む」**というものがあります。

たとえば、流れていない水などは、そのままにしておくと水が腐り、悪臭を放ち、どろどろしたものになっていきますが、それはものも同じです。

止まっているものは、次第にエネルギーが淀んでいきます。

クローゼットや引き出しを開けて、**「1年以上使っていないもの」があれば、思い切っ**

**て捨てる**ことです。

使わず止まっているものはエネルギーが淀むので、波動にマイナスの影響を与えてしまいます。

「いつか読もう」と思って、読まずにずっと放置している本なども処分しましょう。

それらもエネルギーは淀んでいます。

「いつか読もう」というのはいいのですが、それは「今」ではありません。

その「いつか」のときにもう一度買って読めばいいのですから、今は処分したほうが波動的には有効です。

断捨離をする際、1年以上使っていないものという基準があるものはいいのですが、厄介なものが**「思い出の品」**です。

本当は思い出の品も今やこれからの自分とは関係ないので、思い切って処分してしまったほうが波動的には有効です。

元カレからのプレゼントなどは処分したほうがいいですが、元カレには未練は一切ないものの、高価なバッグなど処分することが勿体ないという場合は、リサイクルショップなどで換金します。

お金に換えると、ものの波動からは影響を受けなくなります。

思い出の品でなかなか捨てられず、一番厄介なのが**「過去の栄光」**です。

昔の武勇伝を語るおじさんが敬遠されるように、過去にしがみついていると素晴らしい未来は開けていきません。

過去の栄光がこれからの自分にプラスになるのであればいいのですが、今にもこれからにも関係ないものに関しては、思い切って捨ててしまったほうが、自分自身が解放されて、いい状態になることがあります。

これまで断捨離をしたことがない人や、1年以上取り組んでいない人は、まずは思い切って断捨離をするといいでしょう。

一度断捨離を実行したら、**定期的に部屋のものを見直す習慣を持ち、環境を常に波動の高い状態に保つように取り組んでください。**

routine 20

# 勇気を持って「人間関係も断捨離」する

私たちは、周囲の人間関係の影響を色濃く受けています。

アメリカでの実験で、「自分の幸福度が上がると、友達とそのまた友達の幸福度も上がる」という結果が出ています。

昔、セミナー業界では、「自分が普段一番よく接する人10人の平均年収が、1年後の自分の年収になる」と言われていました。

私の経験的なところで言うと、1年後というのは大げさですが、3年くらいすると本当にそのように変わっていきます。

これらのことを言い換えると、**「あなたの幸福度は、友達やそのまた友達の幸福度の影響を受けていて、あなたの年収は普段よく接する友人たちの影響を受けている」**と言えます。

それくらい人は、関わる人の影響を受けています。

**「幸せになりたかったら、幸せな人と付き合い、不幸な人とは距離を置くことであり、運がよくなりたかったら、運がいい人と付き合い、運が悪い人とは距離を置く」**ことが大事です。


あなたは、これからどんな人生を歩みたいでしょうか？

周囲には、その歩みたい人生を実現している人はいるでしょうか？

もしいないなら、それを実現している人と関わって接触頻度を多くし、逆に実現していない人とは接する頻度を下げていくことが大事です。

私もかつて独立を志したとき、当時サラリーマンだった自分の周囲には、同じようにサラリーマンの人しかいませんでした。

そのことに気づいた私は、「まずは独立して自分で仕事をしている人や、あわよくば成功している人と会おう」と考え、そんな人がいそうな場所などに通うようにしました。

そうやって**「なりたい姿」に近しい人を探し、積極的に関わっていくことで、現実は変わっていきます。**

でも、多くの人ができないのが「足を引っ張る人と距離を置く」ということです。

「自分の幸福度が上がると、友達とそのまた友達の幸福度も上がる」というのは、さらに言い換えると**「友達の不幸度が、あなたの不幸度に影響を与えている」**ということです。

ちょっと冷たいようですが、人間関係は慎重に取捨選択することが何よりも大事です。

自分の周囲にネガティブな人がいると、自分が大好きで大切な友人の幸福度も下げることになってしまいます。

- **あなたのことを否定する人**
- **あなたの夢を笑う人**
- **あなたのダメ出しをいつもしてくる人**
- **あなたの可能性を信じてくれない人**
- **いつもあなたのエネルギーを奪う人**
- **一緒にいるとぐったりしてしまうネガティブな人**
- **あなたを大切に扱ってくれない人**
- **いつも迷惑をかけてくる人**

**・いつも手を煩わされる人**

少なくとも、そういった人とは距離を置きましょう。
繰り返しになりますが、その人と距離を置くことはあなた自身にとってもいいことであり、大好きで大切な友人にとってもいいことなのです。

routine

# 21 「メンター」を探してみる

あなたには、**「メンター」**という存在はいますか?
メンターとは、**「師匠やよき指導者」**といったイメージの言葉です。
私はよく**「実現したいことがあるなら、それを実現している人と同じ時間を共有するといい」**とお伝えしていますが、それこそがメンターと言われる存在です。

これまで実績を出してこられた様々な方とお会いしてきましたが、そういった人たちの中で「自分がうまくいったのは運がよかったから」と言われている人は少なくありません、というか、ほとんどの方がそのように言われます。

**様々なことを実現している人は、間違いなく運がいい存在です。**
**そういった人と一緒にいると、自分も運がよくなっていきます。**

しかも、類は友を呼ぶと言われるように、メンターの近くにはその人と同じようなステージ、つまり自分が実現したい世界の友人がいて、その世界の情報が飛び交っています。

メンターとの出会いは、そういった世界との入り口なのです。

「人生は誰と出会うかで決まる」と言われますが、メンターとの出会いは、あなたの現実をとても速い速度で変えていきます。

ただし注意が必要です。

メンターになってもらいたいと思うような人は、忙しいことが多いです。

メンターと出会うとき、「教えてください！」というスタンスでは、ご縁を結ぶことはできません。

ただ「教えてほしい」「お近づきになりたい」というのは、相手にとってみればエネルギーを奪われるだけのクレクレの人なので、そのスタンスでは関係性を深めるどころか、むしろ敬遠されます。

そのスタンスでいるなら、その人にお金を払って学んだほうが余程大切に扱われます。

私自身もメンターではないですが、ある人と最初はお客として関わり、その後セミナーを一緒にさせてもらったり、仲よくさせてもらったりということは少なくないので、ご縁を結びたい人のお客になるというのは有効な手段の一つだと思います。

ところが、たとえ最初にお客になったとしても、皆が親密になれるかというとそんなことはありません。

その違いは何かというと、**「相手にとってお役に立てる存在であるかどうか」**です。

あなたと関わることでメンターにも何かメリットがあるなら、その人も多くの時間を共有してくれるようになります。

クレクレのスタンスではなく、あなた自身も大切な何かを持っていて、それを共有する関係が望ましいです。

メンターと関わるうえで大切なことは、**「この人は、自分には分からないことを分かっている」**ということを認識しておくことです。

自分が実現したいことを実現している人というのは、自分が知らない世界を知っている人です。

その世界に必要な考え方、価値観、スタンス、常識……、そういったことを知っている人で、それは今の自分では分からないことです。

自分よりもステージが上の人を、「あの人はこうだ」「あの人は本物だ」「あの人は偽善者だ」「あの人は金の亡者だ」とジャッジする人は結構いますが、自分よりも様々なことを実現していて、ステージが上の人のことを今の自分が分かるわけがありません。

メンターもまた然りです。

メンターからは、ときには厳しいフィードバックがあったり、自分が「こうだ」と思ったことを否定されることがあるかもしれません。

そんなときには「この人は、自分には分からないことを分かっている」ということも同時に覚えておいてください。

自分を信じることはとても大切なことですが、**「自分のこと以上にその人の言うことを信じる」**ことが必要なときもあります。

自分にそれくらいの覚悟がないと、その人が自分を信じてくれるわけがないし、忙しいその人が時間をつくってくれるわけがありません。

実際、メンターのアドバイスに従うことで、問題がクリアできることも多いものです。

メンターとの出会いは、あなたの現実を加速度的に変えてくれ、「メンターになってほしい」と思うような人は、とても運がいい存在です。

メンターにはなかなか出会うことはできませんが、ぜひメンターを探してみてください。

第3章

# そのうえで「行動」すると叶っていく

小さな開運ルーティン3

「ふるまい・言葉・思考」を1日1分楽しくクセづけ

# 行動の波動を高めるには？

ここまでの章では、「1．ビジョンを設定」し、「2．あなた自身の状態を整える」ことをお伝えしてきました。

それらは、ある意味で「波動の土台」を整えるものです。

もちろんそれだけで運気は上がり、現実は開運に向けて動き出しますが、さらに強く変えていくには、「行動」を波動の高いものに変えていくことです。

**「行動の質が人生を変える」**とはいえ、どんな行動をすればいいのでしょうか？　行動と言っても漠然としていて、「何をしたらいいのか？」となるはずです。

仏教の言葉で**「身口意《しんくい》」**という言葉があります。

これは**「三業《さんごう》」**というもので、業とは行為、行いのことであり、つまり三業とは**「人生**

**に影響を与える三つの行い（行動）」**のことを指します。

仏教的な業というと、十悪業といった少々悪いイメージがあるのですが、あまり難しく考えてもよく分からなくなるので、ただ「行い、行動」と解釈していきます。

そんな業には、**「身業《しんごう》、口業《くごう》、意業《いごう》」**の三つがあり、身業とは身のこなしのこと、口業とは言葉や口ぐせ、意業とは思考や意識のことを表しています。

つまり、行動とは、

- **身のこなし**
- **言葉、口ぐせ**
- **思考、意識**

のことで、それらをどのようにするかで現実が変わっていきます。

ビジョン、状態とともに、ラッキー・バイブレーションを身につけるための**「行動（身のこなし、言葉・口ぐせ、思考・意識）」を一つずつ実行することで、運のよい現実に変わっていきます。**

本章でお伝えすることは、行動の質を変えるものであったり、「ちょっとしたことではあるけれど、現実に大きな影響を及ぼす行動」だったりします。

ちょっとしたことでも続けることで、少しずつ展開する現実が変わっていくものです。

習慣になるまでは、その瞬間、その瞬間ですぐに忘れてしまうこともあります。

なので、たとえば、

**「身口意」が、現実を変える！**


**こんな言葉を書いた紙を壁などに貼りつけ、毎朝、起きたら数秒から1分くらい眺めてみてください。**

そう意識していくことで、その後の行動の質が間違いなく変わります。

routine
22

# 1日1分、「未来の行動」を書く

第1章で、ビジョンをビジュアル化、言語化しようということをお伝えしました。

まずは「どうなりたいか」「どうありたいか」を明確にし、それを具体的なイメージと言葉に落とし込む。

それらを明確にしたら、

**「ビジョンを実現した自分は、どんな行動をしているのか？」**

を感じ、

**「その行動と同じ行動を今の自分でやってみる」**

ことです。


未来の自分は、今の自分よりも運のいい自分であり、引き寄せ力も強いはずです。

その自分が取っている行動と同じ行動をすることで、その自分に近づくことができ、確実に運気は上がっていきます。

とはいえ、ビジョンを実現している自分の行動は想像がつかないかもしれません。

そんなときにやるといいのが、

**「ビジョンを実現した自分がやっていることで、今の自分でもできることをする」**

というものです。

想像でいいので、まずは1日1分だけ **「ビジョンを実現した自分がやっていることを書き出し」ましょう。**

その中で **「今の自分でもできること」をピックアップし、今の自分のやり方でいいので実際にやってみる**ことです。

たとえば、拙著『波動が変わる！　あなたが変わる！　人生が変わる』（アールズ出版）でも紹介しましたが、私はかつてサラリーマンだったころ、「セミナー講師になりたい」という願望がありました。

でもセミナーをやったこともないし、そもそも人にレクチャーするようなネタもありません。

通常ならセミナーのやり方を学んだり、セミナーができるネタを学びに行くのかもしれませんが、当時の私がやってみたのは「今の自分でセミナーをやってみる」でした。

実施したのは、「読んだほうがいいのは分かっているけれど、なかなか読めない本を読んで解説するセミナー」で、私自身はセミナーの経験が得られるとともに、良質なコンテンツをお届けすることができ、そこからセミナー講師としての道がどんどん開いていったのです。

また出版に関しても「出版した自分はどんな行動をしているのか？」ということを想像し、実行することで出版の流れを引き寄せました。

当時の私は「出版はしたいけど、自分から売り込むことはしたくないし、ビジョン通りの自分はそんなことはしていない。でも何かアクションを起こさないといけない……」そんな状態でした。

通常なら出版塾に行って、企画書の書き方を学び、作成して売り込むといったプロセスを踏むものです。

ところが、私がやったのは、出版をしている自分がやっていて、その当時の自分ができることということで、出版予定記念講演会を開催することにしました。

会場には花を飾り、参加者にはドレスコードまで設け、本当に出版をしたような演出をしました。

出版予定記念講演会を開催すると決めた直後、一社から出版の打診があり、それは実現には至らなかったのですが、約10ヶ月後に別の出版社からオファーがあり、自分で企画書を書くこともなく、企画書は担当した編集者の方が作成してくださり、処女作の出版をすることができたのです。

このように**「ビジョンを実現した自分は、どんな行動をしているのか?」を今の自分で実行することは、とても大きな力があります。**

実行することで、**「それが実現している波動世界に足を踏み入れる」**ため、その世界の出来事が起こったり、出会いがあったり、情報にアクセスしたりすることができます。

とはいえ、具体的に何かがないこともありますし、今の自分でできないことばかりのことだってあります。

そんなときには、「形から入る」ということも有効です。

**・ビジョンを実現している自分は、どんな服を着ているか？**

**・ビジョンを実現している自分は、どんな場所に行っているか？**

**・ビジョンを実現している自分は、どんな人たちと会っているか？**

そんなことを想像して、実行してみるということも有効です。

サラリーマン時代の私は、成功している経営者に会いに行っていましたが、それは「ビジョンを実現している自分はどんな人たちと会っているか？」を実行したものです。

また、当時お世話になっていたメンターからは、「成功者は夜行バスにはいない」と言われたため、夜行バスに乗ることはやめて新幹線、しかもグリーン車に乗るように変えていきました。

それは「ビジョンを実現している自分は、どんな場所に行っているか？」というもので、他にもたまにはホテルのラウンジで過ごすということもしていました。

しかし、今思うと当時は金銭的な余裕もなく、相当無理をしており、無理しすぎるのは禁物だなと実感しています。自分の経済状態の見極めは必要なので、そこはご注意ください。

そうやって、ビジョンを実現している自分が行っている場所を訪れてみたり、その自分がしている服装を少しずつ取り入れてみたり、そんなことをしていると何かアイデアが湧いてきたりします。そうして出てきたアイデアを実行することで、さらにいい運気がどんどんやってくるようになります。

ここで注意点が一点あります。

それは**「一つやったことで、過大に期待しない」**ことです。

過大な期待をして、無理なことをしたものの、現実がそれほど変わらずに諦めてしまう人がとても多いのです。

私が実行した事例をお伝えしましたが、それは直接的に変化の見えやすかったものをお伝えしただけで、それ以外にもたくさんのことを実行し、直接的に結びついているようには見えない、それ以外のことも影響して一つの変化に結びついていています。

だから一つのことだけではなく、大小様々なことに取り組む意識を持つことが大切です。

実際の行動は現実を大きく変えていきますが、まずは毎日1分、未来の行動を書くことから取り組んでみましょう。

routine

# 23

# 1回1分、「自分で決めて」みる

自己啓発の名著『7つの習慣』（スティーブン・R・コヴィー、キングベアー出版）には、「反応的な生き方から、主体的な生き方に変えよう」ということが言われています。

この本を初めて読んだのは今から16年ほど前ですが、それから様々なことを実現していくにつれ、その言葉の重みを実感していくようになりました。

**主体的な生き方というのは、簡単に言うと「自分で決めて動く」**という意味であり、反応的な生き方というのは、「周囲に反応して自分の行動などを選択する」という意味です。

**自分から主体的に動く人は、運を自分のほうに引き寄せる力が強く、**反応的に生きていると、周囲や変な人に巻き込まれることがあります。


何が違うのでしょうか?

一言で言うと、**「自分で決めるか、決めないか」**です。

多くの人は「自分で決める」ということから逃げます。

なぜなら、自分で決めることは多大なストレスがかかるうえ、うまくいかなかったときや失敗したときに、すべてが自分の責任になってしまうからです。

人は責任を背負いたくないし、責任を感じたくないものです。

何より失敗したくないし、うまくいく確信どころか自信もない。

決めてみて失敗してしまったときには、自分の無能さ、いたらなさをまざまざと感じてしまうことにもなりかねません。

だから、多くの人は「自分で決める」ということを避けます。


偉そうなことを言っていますが、今多くのことを自分で決めているものの、私もまだそんな一面はあり、かつてはもっと人の言ったことに従い、様々なことを理由にして自分で決めることを避けていました。

たとえば、今お住いの場所は、なぜそこに決めたのですか？　職場が近いから、実家が近いから、親の面倒を見ないといけないから、様々な理由があるかと思います。

それらの制限がすべてなくなったらどこに住みますか？　じつは、それは私がサラリーマンをやめて、自分で仕事を始めたときに直面したことでした。

職場が自分の家になり、ネットさえあれば場所は関係のない仕事だったので、「どこに住んでもいい」という状況でした。

本来それはとても自由で憧れた状況ではあったのに、実際に自分が直面してみると、逆に住む場所を決める理由がなく呆然としたことがありました。

また私は、大学院を出て化学系の会社に就職したのですが、服が好きだったので、就職活動の時期に「こんな専門的な道に進んでいなかったら古着屋さんとかに行きたかった」と友人たちに言っていました。

今振り返ってみると「そっちの道に進めばいい」と思いますが、当時の自分は決めることができない、というよりも、そちらの道に進めることなど想像すらできませんでした。

それくらい「今まで進んできた道」「今まで勉強してきた道」というものに縛られていました。

極端な話かもしれませんが、大なり小なり、人は自分で決めることを避け、人から決められることを待っていたり、決められた道を進もうとします。

以上のような理由で、自分が決めることには過大なストレスがかかります。

そして誰かに決めてもらったほうがラク、だから反応的な生き方をする人が多いのです。

**運がいい人、不思議とタイミングやご縁に恵まれる人は、自分で主体的に決めます。**

誰かがやってくれるのを待つのではなく、自分からやってみる。

誰かが賛同してくれるのを待つのではなく、自分からやってみる。

誰かが準備してくれるのを待つのではなく、自分からやってみる。

誰かに気を遣って先送りにするのではなく、自分からやってみる。

**何かを決断するときは、いつも「自分から」を意識し、その判断を1分以内にすることです。**1分以内に決断すると決めたら、迷いがなくなります。

そうやって自分で決め、自分で動くようになると、たくさんの幸運な出来事が訪れます。
ちなみに、自分からしないと、その運は最初にやってくれたその誰かのところに転がっていきます。

## routine 24
# 1日1分、「目の前の人の喜び」を考える

「その人がいるだけで場が明るくなる」そんな人がいますが、その人の周囲にはいつも笑顔があり、中心にいるその人はたくさんの幸運に恵まれます。
そんな明るい場の中心にいる人には皆がなれるわけではないですが、**「世界に喜びを増やす人」は、同じようにたくさんの幸運に恵まれる**ようになります。

この世界に「喜び」を増やす、「そんなのどうやって?」と思われるかもしれませんが、それほど難しく考える必要はありません。

世界とはいっても、最初はあなたが関わる人からで大丈夫です。

そして方法は二通りあります。

- **楽しいことを分かち合い、周囲の人に喜んでもらう**
- **誰かの問題解決のお手伝いをする**

この二通りです。


あなたが楽しいと思うことは何でしょうか？

ゲームをすること、走ること、サッカー、旅行、ガーデニング、お酒を飲むこと、キャンプ、料理、美味しいものを食べること、音楽を聴くこと、音楽を演奏すること、漫画を読むこと、漫画を描くこと……、人それぞれ様々な楽しいと思うことがあると思います。

それを一人で楽しむのもいいのですが、自分以外の人と一緒にしたり、その**「楽しさを分かち合って楽しむ」**ことです。


もし分かち合った相手が、その楽しみ方を知らず、あなたを通してそれを初めてやってみてとても楽しかった場合、その喜びは、あなたがきっかけとなって生み出されたものになります。

それによって豊かになったのが、YouTuberと呼ばれる人たちです。自分の趣味や好きなことを撮影し、YouTubeを通して視聴者にその楽しさを分かち合うことで大きな収益をあげています。

たくさんの人に喜びを生み出すことがどれだけの豊かさを運んでくれるか、多くの人が目撃されていることでしょう。


そして喜びを生み出すもう一つの手段が、**「誰かの問題解決のお手伝いをする」**というものです。

自分が持っているスキル、情報、時間、労力、人脈……、それらを使うことで誰かの問題が解決するのであれば、積極的に提供してみましょう。

難しいことを考える必要はありません。

あなたが聞いてよかったことや参考になった情報などを周囲の人にシェアしたり、ブログやYouTubeで発信してみましょう。

私は今の世界に飛び込む前のサラリーマン時代、当時の自分には何のスキルも知識もなかったため、セミナーなどに参加したときには、勝手に会場設営などのお手伝いをし、労力や時間を分かち合っていました。

その後、様々な貴重な学びをしていったときには、学んだことを同僚にシェアしたり、ブログに書いて発信していました。

今とは違って、大して読者もいないにも関わらずです。

当時の私は「この学びを自分からしか聞けない人がいる。自分が発信しなければ、その人がその情報を得る機会は一生ない」と思ってやっていました。

それがそのうちに自分のセミナーとなり、やがてこのような本となるのですが、「この学びを自分からしか聞けない人がいる。自分が発信しなければその人がその情報を得る機会は一生ない」というメンタリティは今も昔も変わらず同じです。

また誰かが問題を持っていて、その問題を自分が解決できない場合には、ヒントとなるような情報をシェアしたり、問題解決できる人を紹介することもやっていました。

直接的に自分が解決するわけではないのですが、解決できる人を紹介することは自分にしかできないため、それも自分が世界に喜びを増やしていることになります。

自分が持っているスキル、情報、時間、労力、人脈などは、誰かの問題の解決につながるものです。

**1日1分、「自分は何が提供できるか」を考えてみてください。**

こういう話をすると、「楽しいことを分かち合い、周囲の人に喜んでもらう」ことや「誰かの問題解決のお手伝いをする」ということに対して、多くの人が「自分にはそんな大それたことはできない」と言います。

もちろんたくさんの喜びを生み出している人は、それだけたくさんの幸運に恵まれます。

しかし、最初から大きなことをする必要はありません。

前述したように、最初は**「目の前の人、周囲の人」の喜びから考えましょう。**

というよりも、目の前の人や周囲の人を喜ばせられないのに、会ったこともない人を喜ばせることはできません。

人はすぐに大きなことを考えがちです。

弊社で主宰しているビジネスアカデミーでも、すぐに大きなことを考えようとする人がいるのですが、いつも「最初は一人ずつ丁寧に」とお伝えしています。

まずは一人ずつサポートをしていく中で経験を培った結果、数人のグループに影響を与えられるようになります。

数人のグループに影響を与えられるようになったら、もう少し多い人数を相手にできるようになります。

いつだって最初は一人から。

そこから少しずつ最大化することを意識してみてください。

もう一つ、気をつけておくべき重大なことがあります。

それは**「あなた自身が喜んでいること」**です。

世界に喜びを増やす行動の発信源であるあなた自身が、それをすることを喜んでいないなら、その行動はマイナスになってしまいます。

まずは、あなた自身が喜ぶこと。

そのことはいつも意識しておいてください。

routine

# 25

# 毎回「口角を上げて」から行動する

ビジョンどおりの行動をするにも、世界に喜びを増やす行動をするにも、「そのときの自分の状態がどんな状態か」によって生み出されるものは変わってきます。

どんな行動であれ、その行動そのものを運のいい行動に変えてしまう魔法の行為が、**「口角を上げる」**ことです。

口角を上げるという行為は、**笑顔になり、「身体の状態を変える」**ことです。

そうすると、**「口角を上げる状態から出てくるものは、波動が高いもの」**になっていきます。

**「口角を上げてから行動することにより、波動の高い動きとなり、波動の高い言葉が出て、波動の高い思考が出てくる」**ということです。

逆に、眉間にしわを寄せ、口角が下がったままで行動すると、波動の低い動きをし、波動の低い言葉が出て、波動の低い思考になってしまいます。

**口角を上げるというのは、一瞬でできるとても簡単な「開運法」**です。

私の会社で実施している講座では、**「嫌なことがあっても、口角を上げて、上を向いて、深呼吸をすると状況がいい方向に変わる」**とお伝えしています。

現実を生きていると、どんなに素晴らしい人でも、どんなに波動の高い人にでも、不運と思えるようなこと、大難と思えるようなことは起こります。

しかし、その大難を小難に変え、小難を無難に変え、さらにピンチをチャンスに変えていく人がいます。

そのコツが波動なのですが、波動が低いままだと大難となり、少し高くすると小難になり、もう少し高くすると無難に変わり、さらに高くするとピンチと思っていたことがチャンスに変わっていきます。

先日、弊社の講座に来られた人が、

「ここ数日間あることで悩んでいたのですが、口角を上げて上を向いて深呼吸をしてみたら、悩んでいたことが一瞬で晴れ、数日間のあの悩みは何だったんだろうと思いました」

と言われていました。

口角を上げるという一見単純に思える行為には、それだけのすごい効果が秘められています。

一瞬で悩みが晴れ、マイナスをなくすくらいの効果があるので、普段の状態で実行したらどれほどプラスになるでしょうか！


「今日は大事な商談がある！」ときは、口角を上げて臨んでください。

「今からパソコンでプレゼン資料をつくる」ときは、口角を上げてから取りかかってください。

「今日は人生をかけた試験がある！」ときは、口角を上げてから挑んでください。

「今日は失敗の許されない一世一代の晴れ舞台」のときは、口角を上げてから挑んでください。

「家を出るのが遅くなって遅刻しそう」なときは、口角を上げて駅に向かってください。

「取り返しのつかない失敗をしてしまった！」ときは、口角を上げて対策を検討してください。

「今人生のどん底で大ピンチだ！」になったら、口角を上げて乗り越える方法を考えてください。

**口角を上げることが、あなたの現実を変えていきます。**

口角を上げることで、入ってくる情報や思いつくことが変わり、出会いが変わり、それにより成果を変えていきます。

routine

## 26 誰にでも「気持ちよく挨拶」する

**運のいい出会い、運のいい情報、チャンス……、それら幸運なものの多くは、人が運んできてくれます。**

だから、単純に**人から好かれると運がよくなっていきます。**

ちなみに、**人から好かれると、お金にも好かれるようになります。**

そんな「人から好かれる」ために必要なことは様々ありますが、その中でとても簡単に、しかも誰にでもできることが、**「気持ちのいい挨拶」**です。

「おはようございます」

たったそれだけの言葉をどこまで気持ちよくできるか。

気持ちよくできれば運はよくなります。

なぜ気持ちよく挨拶することによって人から好かれ、運気がよくなるかというと、気持ちのいい挨拶というものには、

**・その人の存在を肯定する効果**
**・相手やその場を明るくする効果**

があるからです。

人には「承認欲求」というものがあり、誰かから「認められたい」「愛されたい」と思っているものです。

この承認欲求というものはかなり強いもので、ある程度満たされた人以外はどんな人の中にもあります。

ちなみにこれまで多くの人と関わってきましたが、承認欲求がある程度満たされた人というのはごくごくわずかです。

ほとんどの人が「認められたい」「愛されたい」という承認欲求を持っています。

**気持ちのいい挨拶は、相手のそんな承認欲求を満たすことになります。**

**相手に挨拶をするということは、その人に対し「そこにいる」ということに気づき、認める行為**になります。

「そんな大げさな！」と思うかもしれませんが、これはとても大きな効果を持ちます。

以前、ある団体の集まりの一環で、花火大会を観賞するために旅館に泊まったことがありました。

その夕食のとき、お世話をしてくださった仲居さんに対して名札に書かれてあった名前でその方を呼んでいたら、夕食終了後にとても感謝されたことがありました。

何人もいる仲居さんのうちの一人ではなく、また仲居という仕事の役割としての呼び名でもなく、自分個人を認め、必要としてくれたような気がしてうれしかったようです。

それだけ人は自分の存在を認め、肯定してもらえることを喜びに感じるものだと改めて感じたエピソードでした。

挨拶には、それと同じように「その人の存在を肯定する効果」があるのですが、もう一つ**「相手やその場を明るくする効果」**もあります。

**人から好かれる人は、「おはようございます」の後にもう一言加えます。**

相手が機嫌がよさそうなら「今日は楽しそうですね」と言ったり、相手が髪を切ったら「雰囲気が変わりましたね」と言ったり、相手によっては「なんかいい感じですね」と言ったりします。

そうすると相手は何となくうれしく思いますし、それによって場の雰囲気は明るくなります。

これはかなり高度なことなので、すぐにできなくていいのですが、気づいたことなどがあれば勇気を出して言ってみると、意外にかなり効果的であることに驚きます。

ちなみに挨拶をしないとどうなるかというと、「何を考えているか分からない人」「とっつきにくそうな人」と思われ、会話の糸口がなくなり、人との関わり自体が少なくなってしまいます。

運のいい出会い、運のいい情報、チャンスは、人が運んできてくれるのですが、そうなると運んできてくれる人も遠ざけてしまうので、挨拶をしないというのは自分にとって損が多いと感じます。

「挨拶」というと道徳的な印象を受けますが、そうではなく、それは自分にとってとても有効なものであり、しなければ結構損失になってしまうものでもあるのです。

気持ちのいい挨拶を心がけてみましょう。

routine

## 27 スミマセンを「ありがとう」に

**「口ぐせ」は、波動を変えるときに、とても重要な要素です。**

「言霊《ことだま》」といって「言葉にはエネルギーが宿っていて、発した言葉と同じような現実になる」と言われています。

じつは、自分の発した言葉は、自分自身が一番その言葉を聞いていて、脳はその言葉に基づいて情報処理をしています。

「スミマセン」と言葉に唱えると、その言葉を自分自身の脳が聞き、情報処理を始めます。その結果、「自分に非があったポイント」「自分がいたらなかったポイント」などを自動的に見つけ出します。

第1章で、自分が自分のことをどう思っているかというセルフイメージのお話をしましたが、**「スミマセン」が口ぐせだと、自分の中で「自分は非がある存在」「自分はいたらない存在」というセルフイメージができ上がり、結果として自分に非がある現実や、自分がいたらない現実がたくさん見えてくる**ようになります。

もちろん、謝る必要があるときは「スミマセン」と素直に言うことは大事です。

しかし、「スミマセン」が多い人は、「ありがとう」でもいいときにも謝ってしまう傾向があります。

・誰かがサポートしてくれたとき
・人が道を譲ってくれたとき
・困っているところを助けてくれたとき

そんなときに「スミマセン」と言っていないでしょうか？

そうすると脳の中では「自分に非があったポイント」「自分がいたらなかったポイント」を自動的に探そうとするため、「相手に迷惑じゃなかったか」「相手が不快に感じていないか」などが気になってしまいます。

**「ありがとう」と言うと、脳は「いいことをしてもらった」という前提で情報処理が行われるため、「自分は人から助けてもらえる」という肯定的なセルフイメージがつくられる**ことになります。

また「スミマセン」を「ありがとう」に変えるのは、相手にとってもいいことです。

「スミマセン」と謝ると、相手に「悪いことしたかな」「気を遣わせたかな」と思わせてしまいます。

せっかくしてくれたのに、そう思わせてしまっては申し訳ないですよね。

逆に、ニコッとして「ありがとう」と言えば、感謝されることで相手も気分がよくなります。

**言葉一つで生み出すものが真逆になります。**

世界に喜びを増やす行動をすれば運気がよくなるので、「ありがとう」と言って相手の気分がよくなれば、それだけで世界に喜びが増え、やはり自分の運気がよくなります。

「スミマセン」と「ありがとう」。

その効果は、天と地ほどの違いがあります。

謝る必要があるときは素直に謝るのが大事ですが、**「ありがとう」でもいいときには、ぜひ「ありがとう」と言いましょう。**

「ありがとう」に変えられる場面は、意識してみると結構たくさんあります。

その場面で、今まで「スミマセン」と言って運気を逃していたので、「ありがとう」と言うことでたくさんの運を集めていってください。

routine 28

# 「できるとすれば」「できるかも」と言ってみる

「自分から」を意識しようとお伝えしましたが、そもそも「自分にはできない」「今の自分ではまだできない」と信じているとなかなか難しく、しかもそう思っている人がとても多いです。

「自分にはできない」は気づきやすいのですが、「今の自分ではまだできない」というものは、前向きに取り組んではいるけど「今は」できないと否定していて、一見前向きな分、否定していることに気づきづらくて結構厄介です。

先日も私のYouTubeで、「情報発信をすると波動が強くなるから、気づきなどを発信しましょう！」というメッセージの動画を配信したのですが、そのコメント欄に「夢が叶ったら発信します！」といったコメントをいただきました。

一見前向きなコメントのように思いますが、この方は「今の自分ではまだできない」と信じています。

本当は何でもいいし、今の自分でいいから、**今から取り組むことが大事なのにそうしないというのは、今の自分を否定している**ことになります。

このように多くの人が「自分にはできない」「今の自分ではまだできない」と信じていて、だから自分から行動することができなくなってしまっています。

そんな場合に大事なのは、**「できるとすれば」「できるかも」を常に口ぐせとして言ってみる**ことです。

**何の確信も、何の根拠も、何の自信も、何の理由もなくて大丈夫です。**

**ただ無感情に、機械的に唱えるだけ、ただそれだけをしてみてください。**

私たちには「意識していることを集める」という特性があります。

なので「自分にはできない」「今の自分ではまだできない」と思っていると、その理由をたくさん集めます。

しかも、それらはもっともらしい理由で、「だから自分にはできない」「だから今はできない」と信じます。

本当の世界は、もちろんできない理由もありますが、「できる」「今からできる」という理由も存在します。

つまり、**「できない理由もできる理由も、どちらも存在する」**ということです。

どちらも存在する中で、今は自分の意識していることに合うものを集めているにすぎません。

そこで、**できる理由を探し出す秘訣が、「できるとすれば」「できるかも」という口ぐせを、ただ無感情に、機械的に唱えていく**ことです。

その言葉は脳が聞いています。

そして脳はその言葉に反応して情報処理を始めていきます。

つまり、数多《あまた》ある現実の中で、「できる理由」を探そうと動き出します。

とはいえ、最初からすぐには見つかりません。

なぜなら、これまでの人生経験で集めた「できない理由」が、記憶の中に膨大にあるからです。

しかも、それらのできない理由は、人から言われたことや、自分が経験したことなどもあるため、非常に説得力のある理由として固まっています。

そのため、できる理由を見つけたとしても、すぐさま「そうはいっても……」という言葉が出てきます。

そして再びできない理由に飲まれていきます。

それでも、毎日口ぐせとして「できるとすれば」「できるかも」と言ってあげてください。

ちなみに**「できる！」ではなく、なぜ「できるかも」がいいかというと、「できる」と言うと抵抗が強くなる**からです。
この「かも」という言葉は抵抗が少なくなり、「信じてみてもいいかも……」という気になりやすくなります。

最初のころは、「できる」よりも「できるかも」を口ぐせにすることをお勧めしています。

「できるとすれば」「できるかも」を口ぐせにしていると、あるときふと、

「こんなことをやってみたら」

「こんなやりかたならできるかも」

といった考えが浮かんできたりします。

そうしたら思い切ってやってみてください。

「今から」「自分から」やってみることです。

・セミナー講師になりたいから、コンテンツもないのにセミナーをやってみた

・出版予定記念講演会をやってみた

ということを先ほど紹介しましたが、それも「できるとすれば」「できるかも」を口ぐせにしていたときにふと思いついたことです。

いきなり大きなことをする必要はないし、そもそもできないものです。

この口ぐせをただ機械的にしていくことで、今できる方法を思いつきます。

思いついたときには勇気を出して実行してみてください。

routine

# 29 1日の始めと終わりに1分笑う

**笑うととても波動が高くなり、高い波動の現実が見え、高い波動の情報が入り、高い波動の人と出会えるようになります。**

第2章の「塩のお風呂で邪気を浄化しよう」で、エネルギー層に受けてしまう邪気のことをお伝えしましたが、じつは**笑うことは邪気払い**になります。

大阪の枚《ひら》岡《おか》神《じん》社《じゃ》では、「1年間の色々な出来事をともに笑い合って心の岩戸を開きましょう」ということで、年末に邪気払いをするお笑い神事が行われています。

新型コロナ以前は、毎年3000人以上の人が集まっていたようです。

笑うことで邪気を払ううえ、その場がとても高い波動となるために神様が降り、そこにいる皆さまに福がやってくるのでしょう。

また、**笑うことは、健康にも多大な影響を与えています**。

国際科学振興財団が、吉本興業の協力で行った糖尿病患者を対象にした実験で、漫才などを見て笑った後には、食後の血糖値の上昇が抑えられるという結果が得られたという話があります。

２０２１年には、キリンホールディングス株式会社が吉本興業と静岡県浜松市と協働して、「笑いが脳機能に及ぼす健康効果に関する研究」を始めるとのニュースもあり、笑いというものが身体に多大なる影響を与えている可能性があることは多くの研究者も感じているようです。

さらに、**笑いはメンタルにもいい影響**を与えており、大阪府立病院機構「大阪国際がんセンター」が、吉本興業などと協力して行ったがん患者や医療従事者を対象にした実験では、笑いが「緊張・不安」「怒り・敵意」「疲労」のスコアを改善することが示されました。

つまり笑うことは、

**・エネルギー（邪気払い）**
**・環境（場の波動が高くなる）**
**・身体（血糖値の改善など）**
**・心（「緊張・不安」「怒り・敵意」「疲労」のスコアの改善）**

という多くの部分にいい影響があることが分かっています。

つまり**笑いは、最も簡単にできる最強の「開運法」**です。

実際、日常で笑うことが多いときには、たくさんのいいことや、いい情報、いい出会いがやってきます。

逆もまた然りで、笑いが少ないときには、心は後ろ向きになり、やはり不運なことが続きます。

だからこそ私は嫌なことがあったときや、落ち込んだときなど、まず漫才やバラエティーを見て笑うことをしています。

もちろん笑えないような気分のときもありますが、そんなときには形だけ笑うということをします。

つまり前述した「口角を上げる」動作です。

ただ形だけをつくっても効果はあります。

**口角を上げるだけでもいいので、笑うことを意識してください。**

なかなか常にできないというときには、
**・朝起きたときにまず1分間笑うこと**
**・夜寝る前に1分間笑うこと**
を習慣にすることから始めてみてください。

ベッドの上やリビング、お風呂など、どんな場所でもいいですし、ウォーキング中でもオッケーです。


朝起きたときの笑いは、1日の基準の状態をつくります。

夜寝る前の笑いは、潜在意識に「いい1日だった」という記憶を植えつけやすくなります。

ぜひ、笑いを習慣にしてください。

routine
# 30
# 寝る1時間前に1分イメージング

ビジョンどおりの行動をすることで、ビジョンが実現している波動（ラッキー・バイブレーション）に近づき、より開運していくのですが、さらに**ラッキー・バイブレーションを強くするためには、毎日の「イメージング」が有効**です。

たとえば、私たちが普段何か新しいことに挑戦しようとするとき、「できる」と思う人と、「できない」と思う人の違いは何かというと、その人の**「脳の中にある記憶データ」**です。

記憶データの中に成功体験の記憶が多い人は「できる」と思い、成功体験の記憶が少ない人やほとんどない人は「できない」と思うものです。

じゃあ今から成功体験を増やせばいいかというと、そんなすぐに増えるものではありません。

そこでカギになるのが**「イメージング」**です。

前にもお話ししましたが、私たちの脳は、現実に起こったこととイメージしたことの区別がつきません。

脳は外に広がっている現実を「現実」と判断しているのではなく、**目の奥にある網膜というところに映った映像を立体的に変換したデータを「現実」と判断**しています。**実際に見たものはもちろん網膜に映るのですが、じつはイメージしたものも同じように網膜に映し出されます。**

見たものもイメージしたものも同じ場所に映し出され、脳はそれを「現実」と判断するため、現実に起こったこととイメージしたことの区別がつかなくなるのです。

このことを踏まえ、成功体験のお話に戻ると、たくさんの成功体験を積む必要はなく、**「成功しているイメージをたくさんすることで、脳には成功体験の記憶がたくさん記録される」**ことになります。

イメージをたくさんしていくと、脳はそれを「現実」と解釈するため、それを経験しなくても、イメージしたとおりの記憶データが脳の中に蓄積されていきます。

すると、わざわざ意識的に「ビジョンどおりの行動をすること」ということをせずとも、自然とそのとおりの行動を取るようになっていきます。

毎日毎日イメージングすることが大事です。

- **ビジョンを実現している自分は、どんなことをしているか?**
- **ビジョンを実現している自分は、どんな服装をしているか?**
- **ビジョンを実現している自分は、どんな場所にいるか?**

そんなことを1回1分、イメージングしていきましょう。

できれば**毎晩寝る1時間前にイメージングすることが大事**です。

私たちの脳は、寝ている間に記憶の整理をしています。

1日にあった出来事を脳の中で再生し、自分にとって重要な出来事の記憶の場合は長期記憶として保管し、必要ではない出来事の記憶は消去されます。

そして**寝る前の1時間以内にあった出来事、聞いた情報、見たことなどは、脳にとって**

**は印象的な出来事となり、長期記憶になりやすい**のです。

そのため、**寝る1時間前には、1分でいいので、ビジョンにまつわるイメージング（いい妄想）をたくさんしてください。**

記憶として脳に打ち込まれるほど、あなたの身口意が変化し、結果として運がよくなっていきます。

第4章

# 想像を超える強運な人の特別ルーティン

1回1分で取り入れられるコツも伝授

# 強運な人たちの「開運ルーティン」を取り入れる

前章まで、どんな世の中であっても「開運ルーティン」を生活の中に取り入れることでラッキー・バイブレーションを身につけ、幸せに生きていく秘訣をお伝えしてきました。

ここまでお伝えしてきたことの一つひとつを習慣化し、継続していくことで波動は確実に高くなり、高くなったその波動に応じていい出会いがあったり、いい情報が入ってきたり、素敵な現実が展開するようになっていきます。

ラッキー・バイブレーションを身につける秘訣は、これ以外にもあります。

職業柄、私は多くの人にお会いしてきましたが、その中には想像を超えた運に恵まれている人も少なくありません。

この章では、そんな人たちの多くが実践している開運ルーティンをご紹介しますので、ぜひ参考にし、生活に取り入れてみてください。

routine 31

# 「理想の自分」を想像し、決めてから行動する

日々の行動を思い出してみてください。

今日やった行動でも結構です。

行動する前にどんなことを思って行動する、行動されたでしょうか?

ほとんどの人が「特に何も意識しない」という回答になると思います。

何も意識しないということは、今までどおりの自分のままで行動し、今までどおりの成果が得られるということです。

運に恵まれる人は違います。

**運に恵まれる人は「どんな自分でやるか」を常に意識しています。**

・どんな自分でそれをするのか?

・どんな自分で話す?

・身のこなしは？
・姿勢は？
・表情は？

そういったことを意識し、それを演じます。

**「理想の自分」を意識し、その自分になりきったつもりで話し、考え、行動するため、実際の現実も少しずつ理想の自分に近づいていきます。**

日々の行動の前に、理想の自分を想像し、「その自分でやる」と心の中で決めてください。

そうするだけで、自分では気づかないレベルですが、瞬間瞬間に出てくる言葉、思いつくアイデア、身のこなしなどが微妙に変化し、理想の自分が得ている成果に近づいていきます。

というと、結構難しく考える人がいて、「自分はできているのかな？」と思う人もいます。

なぜなら、このやり方はあまり実感がわかないからです。

でも難しく考える必要はなく、ただただ**「その自分でやる」と意図するだけ**です。

とてもシンプルです。

ではなぜ難しく考え、できているか不安になるかというと、出てくる言葉、思いつくアイデア、身のこなしが大きく違っている感じがないからです。

でも大丈夫です、そういうものですから。

それらの変化は微妙なもので、出てくる言葉などは無意識的に出てくるものなので、**「それほど実感はない」**ということを知っておいてください。

ただし、実感はなくとも波動は変わり、運気はよくなるので、ぜひ実行してみてください。

routine

# 32 夢を「目標と予定」に変える

設定しているビジョンがとても大きい場合、ビジョンどおりの行動もなかなかできないことであったり、どこから手をつけていいのか分からなくなったり、イメージングも現実感のないどこか、フワフワしたものになってしまいます。

それはなぜかというと、その**ビジョンが「夢」のままだから**です。

夢はワクワクはするのですが、そこに現実感はなく、いざ実現しようとしても、その状態が遠すぎて、何から手をつけていいのか分からなくなります。

たとえば、一度も彼氏ができたことのない女性が、いきなり「幸せな結婚」と思っても、男性とともに暮らすどころか、男性との接し方もよく分からないため、思考停止になってしまいます。

**夢が夢のままであるなら、それは実現しません。**

私たちの脳は、「3倍以上は具体的にイメージできない」という特徴を持っています。

たとえば、夢として思い描いている月収が今の「3倍以上」の場合、脳の中ではそれは漠然と「たくさん」と認識されます。

逆に、「3倍以内」の場合は、「大体こんな感じ」と具体的にイメージができるようになります。

じつはこの「漠然か具体的か」というのはとても重要で、漠然としたイメージのままだと、思いつく行動や思いつく目標などが漠然としたものになり、実現が遠のきます。

もちろん実現しないわけではありませんが、かなり遠いので、実現しない間に本人が諦めてしまうことが多いのです。

逆に、**具体的であればあるほど、具体的な行動を思いつくため、確実に実現する方向に動き出します。**

この漠然か具体的かの基準が、**「今の状態の3倍以上か、3倍以内か」**です。

ビジョンとして描いたものが、今の状態の3倍以上である場合は、なかなか実現しにくいのです。

そんなときには、

**「夢→目標→予定」**

というステップを意識することです。

夢とは、今の状態の3倍以上のもので、素敵だなとは思うものの、現実感が持ちにくいもの。

目標とは、今の状態の3倍以内のもので、簡単ではないかもしれないけれど、やることをやったり、ステップを踏んでいけば実現しそうな現実的なもの。

予定とは、今月、今週、今日といった具合で、この行動をすると決めているものです。

この3ステップを意識し、回していくことで、ビジョンどおりの自分に近づいていきます。

具体的には、**夢から派生した、達成すれば夢の実現に近づく目標を立て、目標を実現す**

**るための月、週、日単位の予定を計画・実行する**ことです。

**ポイントは、夢と予定をつなぐ「目標設定」です。**

目標は、達成することで夢の実現に近づくもの、夢に関係するものであり、かつ今の状態の3倍以内で設定しましょう。

そうすれば、

月の予定：「それを実現するために今月はコレをしよう」

週の予定：「それのために、この週はコレをしておくべき」

今日の予定：「だから今日はこれをしよう」

といった具合に、それぞれの予定が決まってきます。

決まった予定を実行していくことで目標が実現でき、目標を実現することで夢の実現に近づいていきます。

このやり方の最も大事なことは、

**「日々の予定やタスクが、ビジョンの実現につながっていることの実感」**

です。

そこがつながっていることが実感できるからこそ、やればやるほど、よりイメージングなどの波動合わせが具体的にしやすくなり、日々の波動が確実に高まり、ピンポイントのラッキー・バイブレーションを身につけやすくなっていきます。

routine

## 33

# 「波動の高い場所」に行ってみる

人は、今の自分の波動に合う場所を「居心地がいい」と感じるようになっています。

そして、波動に応じて思いつくアイデアが変わったり、入ってくる情報や出会いも変わったりします。

普段居心地のいい場所にばかりいると、その波動のアイデアしか思いつかなくなり、入ってくる情報や出会いも同じようなものに固定されていきます。

その環境では、さらに運気を高めていくことはできません。

**さらに運気を高めていくには、できるだけ積極的に「波動の高い場所」に出かけていくようにしましょう。**

たとえば、

**・あなたの夢や目標を実現している人がいる場所**

**・自然の中**

**・一流ホテルやレストラン**

**・気のいいカフェ**

といった場所です。

そんな場所では普段では思いつかないことを思いついたり、思いがけないような情報や出会いがあったりします。

特に実現したい夢や目標がある人は、それを実現している人が行くような場所を想像し、そんな場所に行ってみることです。

前述しましたが、私自身もサラリーマン時代に経営者のいそうなところに行くようにしていましたし、夜行バスをやめて新幹線のグリーン車に乗るようにしていました。

そうやって実現している人がいそうな場所に身を置き、少しでも実現している人と近づけるようにしていました。


自然の中、一流ホテルやレストラン、気のいいカフェなどもお勧めです。

自然の中では出会いは期待できませんが、自分の身体や気を整えたり、リラックスしたり、アイデアを出すには最適です。

一流ホテルやレストラン、気のいいカフェといった場所では、クリエイティブな仕事をするのもお勧めです。

東京の一流ホテルのラウンジなどでは、第一線で活躍されている方を見かけることもあり、そういった場に自分もいることを思うだけでセルフイメージが上がったりもします。

だからこそ、そういった場所に積極的に自分で足運びすることはとても大事です。


運と運ぶは、同じ字です。

**自分自身をどんな場所に運ぶかによって、運気が変わってきます。**

幸運は、待っていてもやってきません。

routine

# 34

# 月1回、1分の「参拝」で恩恵を受ける

神社には行きますか？　神社参拝が好きなので毎月行くという方、初詣だけといった方もいるかと思います。

日本は元々「神様とともに生きる」という考え方があります。

江戸時代には、国や地域にその場所を護る神社を祀り、神様とともに国を治めていました。

氏神《うじがみ》様という言葉をお聞きになったことがあると思いますが、氏神様というのは、その地域を護る神社のことで、その地域に住んでいる人のことを氏子と言います。

さらに大きな範囲、たとえば武蔵野国、下総国といった国というものがありますが、その国を護るために祀られたのが一宮、二宮といった神社です。

日本全体の総氏神が、伊勢神宮です。

日本全体の総氏神が伊勢神宮で、国を護っているのが一宮、二宮といった神社、各地域を護るのが氏神様といった役割になり、それぞれ異なった役割を持たれています。

事実、伊勢神宮のある伊勢国の一宮は椿大神社《つばきおおかみやしろ》という神社で、それぞれ役割が異なるからこそ、それぞれが同じ地域に共存しています。

様々な神社の中で一番身近な神社であり、一番日常的に接しているのが氏神様です。

私の個人的な感覚ですが、氏神様が元気な地域はイキイキとした雰囲気や穏やかな雰囲気があり、波動が高い傾向があるような気がしています。

日本を護る伊勢神宮、国を護る一宮、地域を護る氏神様、日本という国はそういった仕組みでつくられた国で、自分を取り巻く大きな秩序がそんな仕組みで成り立っているため、その秩序に従うと様々な恩恵が得られるようになります。

実社会でも、お気に入りの飲食店に足しげく通うと、店主にも覚えてもらえ、裏メニューをつくってもらえるようになるといった感じです。

**神社も同じです。**

**足しげく通うことにより、様々な恩恵が得られます。**

たとえば、やりたいことが前に進む出会いが訪れたり、大ピンチになりそうだったことがひょんなことから回避できたり、思いもかけないことで人生が前に進んだり……、神社に足しげく通っているとそういったことが起こってきます。

信じるも信じないもその人次第ですが、私自身もこれまでの人生で確かに不思議なお導きを感じることが起こってきた人間なので、私の講座に来られる方などには神社に通うことをお勧めしています。

ではどのようにしているかというと、**「毎月のお礼（報告）と誓いのお参り」**です。

毎月の初めか月末でいいので、**その月のお礼と報告（月初めの方は前月のお礼と報告）と、翌月に何をしていくかの誓い（月初めの方はその月の誓い）をお伝えする**ことです。

初めて行かれるときには、「初めまして」のご挨拶をして、「これからどんなことをしていくのか？」の誓いを立ててください。

そして次からはお礼と報告、誓いのお参りをしてください。

そして毎月それを習慣にしていくことです。

その際、あれやこれやとお伝えしたいことが浮かんでくるかもしれませんが、**とっても大事なことを最優先にし、「1回1分」**を心がけましょう。


**誓いを立てると、それに必要な出来事が訪れます。**

達成に必要な出会いやチャンスもやってはきますが、お試しのような出来事もやってきます。

それをクリアすることで、達成するための力やメンタリティが整い、誓いを実現できる自分に成長することで達成していきます。

そうやって毎月の神社へのお参りをして、**「誓い→お試し→必要な力を身につける→達成→お礼→誓い……」**というサイクルが回っていきます。

このサイクルを回せば回すほど、より神様のサポートの力が強くなり、運気も上がっていきます。

だからこそ、**毎月の月末か1日には、神社にお参り**をしてみてください。

氏神様にまだ一度も行ったことのない方は、一度正式参拝をしてみてもいいと思います。

正式参拝は、聖域の中で宮司さんがお清めをしたり、祈願を読み上げてくださいます。

宮司さんは神様にお仕えするお役目の方なので、宮司さんに読んでもらったほうが祈願は通りやすく、何より自分の存在を神様に認識してもらえることもあります。


注意事項としては、**「自分に関してのお願いはしない」**ことです。

祈りとは「意宣り」と書きますが、これは読んで字のごとく**「自分の意志を宣言する」**ことです。


誓いを実現するために必要なことはもたらされますので、自分に関してのお願いはせず、**「誓いを立てる」**ようにすることです。

たとえば、「家族の健康」や「病気がよくなる」などといった他の人のためのお願いは大丈夫なので、大切な人たちのことはお願いしてください。


神社では、**「お清め」**を特に重点的に行います。

なぜなら、神様とは高い波動の存在ですが、**自分（神様）と同じように清められた高い**

**波動でないと、神様がその存在を認識されない**からです。

お手水といった作法はしっかりと行うことが大事ですし、お礼をお伝えすることや、自分のことをお願いしないというのも波動に関係しています。

**人は、感謝をすると波動が高くなります。**

一方で強欲な願いというのは、波動を下げてしまいます。

だからこそお願いはせず、お礼と誓いを立てることです。

そうすることで、神様が自分のことを認識され、祈りが天に届きやすくなります。

ぜひ、**毎月1分のお参りを習慣化し、お礼と誓いを実践してみてください。**

人生の流れが速くなり、誓いを果たすことを繰り返すことで、たくさんの幸運に恵まれていき、たとえ世の中の流れが悪くとも、あなたのところには、いい情報やいい出会いなどがやってくるようになります。

私は、**神様とは「波動の高い見えないエネルギーの流れ」**と捉えていますが、そんな神様のサポートが強くなれば、いいエネルギーの流れが強く、速くなり、よりたくさんのチャンスや出会いが訪れ、運気が上がると実感しています。

つまり、**波動の高い、見えないエネルギーの流れをつくり出せば、様々な部分で運気が上がってきます。**


毎月の1分間参拝とは別に、実践するといいのが**「奉納」**です。

浅草寺の雷門は、経営の神様である松下幸之助さんが奉納されたものであることは有名なお話です。

また大きな神社に行くと、参道に並ぶ灯篭の下に様々な会社のお名前を見ることがありますが、あれはその会社が奉納したものです。

このように多くの人や会社が実践されている**神社仏閣への奉納は、とても運気が上がる行為**です。

奉納することによって、

**「奉納をする→神社仏閣が繁栄する→神様のエネルギーが強くなる→恩恵が自分に来る」**

そんな循環が起こるからです。

「金は天下の回り物」と言いますが、お金が流れることによって様々なところが栄え、回り回って自分にもその恩恵がやってきます。

奉納は、その最も有効な手段の一つと言えます。

氏神様やお気に入りの神社仏閣があれば、ぜひ奉納をしてみてください。

ではどんなものを奉納するかというと、

**・お金**
**・お酒**
**・食べ物**
**・自分の商品や作品**

などです。


お金について「金額はいくら？」と聞かれることはありますが、いくらでも大丈夫です。

お金はエネルギーと言いますので、**金額が大きいと動くエネルギーも大きくなるため、結果として受け取る恩恵も大きくなります。**

しかし、恩恵を受けたいからといって、あまり無理をするのもどうかと個人的には思っています。

身の丈で生きることは大切なことです。

身なりなども含め、自分を疎かにすることは自分の運気を下げてしまう行為なので、自分にお金を使ってあげることも考えたうえで金額を決めるといいでしょう。

神社で一万円を使っちゃったから、夕食はパン一つだけ、なんてことになると本末転倒です。

たくさんの御加護はいただきたいですが、自分を満たしてあげることも大切にしてください。

## routine 35
## 毎日「神棚」に1分祈り、家をパワースポット化

これは私が個人的に感じていることですが、**「祈る場はパワースポットになる」**ようです。

人の想念にはとても大きな力があります。

たとえば、人の想念がその場をパワースポットにすることがあります。

ディズニーランドは埋立地で、その土地が元々パワースポットだったわけではありませんが、今はとてもいいエネルギーが流れている場所になっており、そこに行くだけで気持ちがワクワクし、高揚していくことを感じます。

なぜそんな場所になったかというと、そこに訪れる人たちの喜びの想念が影響しているからです。

ディズニーランドでは、たくさんの人が楽しみ、喜び、ワクワクしています。

多くの喜びのエネルギーが充満するため、その場所が人工のパワースポットになっています。

また個人的には、那覇空港も行くだけでワクワクした気持ちになるため、ディズニーランドと同じような人工のパワースポットだと感じています。

このように人の想念には大きな力があり、その土地のパワーをも変えてしまう力を持っています。

そんな中でも、**「祈り」はとてもポジティブな影響をもたらす力を持っています。**

かつてアメリカで祈りの実験がなされました。

西海岸と東海岸で片方に病気を持った人たち、もう片方に祈る人たちを集め、病気を持つ人で祈られた人と祈られなかった人の違いを調べました。

そうすると祈られた人たちには、明らかに祈りの効果を示す違いが現れたそうです。

つまり、祈りは病気を癒す効果があるのではないかということが実験で示されました。


このように祈りには、とてもポジティブな影響を与える力があります。

そして、冒頭でお伝えしたように**「祈る場はパワースポットになる」**と私は感じています。

沖縄にある御嶽《うたき》という場所、最も有名なのは斎場御嶽というところですが、そこはパワースポットとして訪れる方も多くいます。

そんな御嶽はどんな場所かというと、昔から「祈り」がされてきた場所です。

教会もそうです。

教会はたくさんの祈りがされてきた場所です。

そして神社もですね。

**祈りの場は、祈りによってその場の空気が清められ、ポジティブなエネルギーが宿る**ようになります。

同じことをご自宅でもすることで、いつもいる場所をパワースポットに変えることができるので、**毎日決まった場所で感謝のお祈りをする**ことです。

仏壇でもいいですし、何もなくてもいいのですが、何もない方は**「神棚」をつくると気持ちも引き締まって、祈りもより神聖なものになります。**

何万円もする立派なお社のようなものもありますが、簡単なものでもいいので棚を設置し、真ん中に天照大御神様のお札、右に氏神様のお札、左に好きな神社のお札を配置します。

そして、榊、お塩、お水、お米、お酒をお供えして完成です。

ネットショップなどでも神棚キットがありますので、参考にしてみてください。

神棚は、氏神様や好きな神社仏閣との繋がる場所です。

実際の神社に伊勢神宮の遥拝所《ようはいじょ》がありますが、それと同じようなものです。

**家に設置することで、そこが神社そのものになります。**

**毎日お水を変え、本当の神社のように二礼二拍手一礼をしてお参りしましょう。**

毎日のことですので、今日のお礼とその日の誓いを立てるもよし、神様とご先祖様への感謝をお伝えするもよし、特にルールは決めずに実行してみてください。

このときも、神社参拝と同じように、「1回1分」をお勧めします。

短い時間で集中して行うことで、気持ちも引き締まり、神様やご先祖様への感謝の気持ちが強まります。

日々祈りを重ねていくことで、少しずつ神棚にエネルギーが宿り、雰囲気が変わっていきます。

**神様とともに起き、神様とともに過ごす。**

そのようになっていけば、さらに運気も上がっていきます。

ただし、祈りによるパワースポット効果は、すぐに見られるものではありません。

毎日毎日コツコツと祈りを重ねることで強くなっていくものですので、焦らずじっくり取り組んでください。

routine

# 36

# 満月、新月に1分向き合う

人は、暦や月の影響を受けています。

「帝王切開」という言葉がありますが、なぜそういう名前になったかというと、帝王になる人は運勢がとても大切になります。

占星術では、生まれた時間の天体の配置でその人の運勢が決まると考えられているため、後に帝王になる人が素晴らしい運勢になるよう、お腹を切開し、生まれる時間をコントロールしました。

そういった経緯から、お腹を開いて出産することを帝王切開と呼ぶようになったのです。

私たち一人ひとりは、**私たちを取り巻く大きな秩序、天体の動き、太陽の動き、月の動きといったものの影響を色濃く受けています。**

たとえば月の影響ですが、満月の日には事件や事故が増えるという検証結果があったりします（※満月と事件事故との因果関係はないという説もあります）。

私はこれまで15年ほど、多くの方のサポートをしてきましたが、暦の影響が結構あることを実感してきました。

**春分の日、夏至、秋分の日、冬至**といった太陽が出ている時間の長さが変わるポイントの前には、メンタルが揺れたり、人間関係で思わしくないことが起こったり、モノが壊れたりといった方が増えます。

また年末から2月上旬くらいの時期にも同じようなことが起こります。

最初に気づいたのは年末年始の時期で、それまでは偶然かなと思っていたのですが、長年やっていると、多くの人にそういった時期に共通して起こるため、暦の影響を観察するようになりました。

そして春分の日、夏至、秋分の日、冬至の前の日にも同じような症状に陥る方がいて、しかもその日を過ぎると自然と状況がよくなっていくのです。

そういった経験もあるため、人が暦や月の影響を受けていることを実体験として感じてきました。

暦とは、太陽や月の動きをもとにつくられているもので、それは私たちを取り巻く大きな秩序、エネルギーでもあるため、暦を意識し、それに応じた適切な対応をしていくことで、いい波に乗っていくことができます。

たとえば、前述したように春分の日、夏至、秋分の日、冬至といった日の前には、メンタルが揺れたり、人間関係で思わしくないことが起こったり、ものが壊れたりといったことが起こります。

なぜそういったことが起こるかというと、**「エネルギーが変わった後に、波動的に共鳴しない不要となるものがあぶり出されたり、手放されたりしている」**からです。

**感情が揺れる場合には感情のクリーニング（第2章を参照）をし、ものが壊れる場合は断捨離をし、人間関係で思わしくないことが起こるときは、一度人間関係を見直す**とスムーズに転換できます。

よくないのは、メンタルが落ちたり、ものが壊れたり、人間関係で何かあったときに、改善しようとジタバタすることです。

万一不要なものがあぶり出される作用として起こっているなら、改善しようとしてもなかなか難しいものです。

感情のクリーニングなどを淡々とこなして過ごし、転換点を過ぎれば、自然といい流れがやってくるようになっているので、ジタバタせずに淡々と過ごすようにすることが大切です。


より小さな周期で言うと、**「月の満ち欠け」**の影響もあります。

満月のときに月光浴をすると、脳内の成長ホルモンであるセロトニンが分泌すると言われています。

セロトニンは、幸せホルモンとも呼ばれているため、月光浴によりストレスが減り、幸福感が増す効果が期待できます。

真偽は分からないですが、人がもっと自然と一体となって生きていた縄文時代には、女性は満月の日に一斉に生理になっていたというお話があります。

証明のしようはないものの、月光浴の影響でホルモンが分泌されるくらいですから、女性特有のホルモンの分泌に影響を与えることは考えられます。

月の影響で海水面が上昇するくらい月は地球に影響を与えていますし、私たちの身体の60パーセントは水分と言われ、その影響は大きいと考えられます。

このように私たちの身体には、月は少なからず影響を及ぼしています。

月の満ち欠けに合わせ、次のことを「1回1分」で実践してみましょう。

- **満月のときには、月の光を浴びて心身を整える。**
- **新月のときには、これからの生き方に思いを馳せ、誓いを立てる。**

月のサイクルに合わせてそういったことを取り入れていくと、自分の生き方のリズムが大きな力を持つ自然のリズムに合っていくため、物事をスムーズに進めやすくなっていきます。

routine

37

# 「人のお役に立つ」ことを考え、常に1分以内に先出し

第3章で「自分からを意識しよう」「世界に喜びを増やそう」という自分から分かち合い、世界に喜びを創造するというお話をしました。

そんな「分かち合う」のさらに一歩先に、**「貢献」**のステージがあります。

**運がいい人や多くの人に応援される人は、いつだって「先出し」を意識しています。**

自分が持っているスキルや知識があれば、普段から積極的に分かち合い、社会や誰かの人生のお役に立てるように積極的に貢献していくことです。

**いつだって運は、人が運んでくるものです。**

**運だけではなく、人も、チャンスも、お金もすべて人が運んできてくれます。**

だからこそ多くの人の人生に貢献していくことで、何か困ったときにも必ず助けてくれ

る人が現れます。

「クラウドファンディング」はご存じでしょうか？

クラウドファンディングには、製品型と支援型があります（※この分け方は私が勝手にしているだけです）。

製品型とは、魅力的な製品を開発し、それを量産するために先に少しお得な価格で購入してもらい、量産できたときにお送りするというものです。

先に買ってもらうことで資金調達をするだけで、後に製品は購入者の手元に届くため、支払いのタイミング以外は通常のモノの購入とそれほど変わりません。

支援型とは、活動資金や運転資金の支援に充てられるものです。

支援型もリターンはあるため、製品型とは仕組み自体は変わらないのですが、製品型と比べて「助けになるなら」「その人（お店）を応援したい」という思いがより成否に影響を与えるのが、支援型のクラウドファンディングです。

私は支援型のクラウドファンディングは、それまでの生き方が表れると感じています。

支援型のクラウドファンディングは、**「実施する人がそれまでの人生でどれだけ人のお役に立ってきたか、どれだけ真摯に活動してきたか」**が表れます。

たくさんの人に貢献してきた人は、「今こそ恩返しのとき」といった感じで支援され、うまくいきますし、大して何もしてこなかった人は誰からも支援されず、人知れずクラウドファンディングを閉じることになります。

それまでの生き方が表れるとは、「それまでに、どれだけ人のお役に立ってきたか」です。

これは何もクラウドファンディングだけではなく、じつは何でもそうです。

弊社では、ビジネスアカデミーを主宰していますが、常に**「先出し」することをお伝えしています。**

**ビジネスも同じだからです。**

まず先出し。

商売の基本に「損して得をとる」という言葉がありますが、この言葉こそ先出しの大切さを表しています。

私自身も常に先出しを意識し、実践しています。

ブログやYouTube、LINE、メルマガなどは最も分かりやすい先出しです。

見ていただいた方の人生のお役に立ったり、願望が実現したり、ピンチの人がそこからクリアできるように、毎日たくさんの情報を出しています。

たくさん発信し、「役に立った」という方が多ければ、それだけ回りまわって返ってくるからです。

全員からお金をいただかなくとも、出したものは必ずどこからか返ってきます。


先出しの逆は「クレクレ」です。

何でももらおうとする人、先にもらおうとする人はどんな世界にもいます。

ビジネスの世界でも、クレクレの人は一時的にうまくいっているように見えることもありますが、長続きはしません。

人が離れていくことが多いからです。

その人と一緒にいても奪われるだけなので当然です。

前述したように運も、人も、チャンスも、お金もすべて人が運んできてくれますから、人が離れていってしまう人は、遅かれ早かれうまくいかなくなってしまいます。

**うまくいく人や長く人に愛される人ほど、周囲の人のお役に立てることは何かと考え、実行しています。**

**そして自分が持っているものをどんどん分かち合い、積極的に人に貢献していく人が、最終的には一番得をするようになっています。**

ビジネスアカデミーでは、人との新たな出会いの中で、「**『この人、素敵だな。この人のことをもっと知りたいな。この人と一緒に何かやりたいな』と思ったら、1分以内にアイデアを考えて提案しましょう**」とお伝えしています。

たとえば、「今、○○を計画しています」とか、「こんなビジネスを考えています」など、あなたが日ごろ考えていることを提案してみるのもいいでしょう。

まず自分から相手に先出しすることで、相手に感謝され、あなたという新たな存在が認められ、そこから思わぬご縁が始まり、ビジネスチャンスにつながることが多いからです。

**常日ごろから、人への貢献や、人のお役に立つことを考えていることが重要なのです。**

routine

# 38

# 誰にも知られずに「いいこと」を素早く実践

**「陰《いん》徳《とく》陽《よう》報《ほう》」**という言葉があります。

陰徳とは、人に知られないいい行いのことで、陽報とは、いい報いのこと。

つまり、

**「人に見られないようなところでいい行いをしていると、やがていい報いがやってくる」**

という意味の言葉です。

この**陰徳という考え方は、一見すると道徳的にも捉えられがちですが、これこそが生きる知恵でもあり、成功者の多くが実践されている**ことです。
たとえば
・寄付をする

・道端のごみを拾う
・公共のトイレで洗面台の水滴を拭く
・ホテルで掃除しやすくしてチェックアウトする
・陰から誰かの応援をする
・誰かの幸せを祈る

誰にも知られないところでそんなことをしていくと、それがやがて「いいこと」になって返ってくるのです。

あなたも身近なところで、どんな陰徳ができるか考えてみるといいかもしれません。


そのときのコツは、**「短い時間で手早く」**です。

**「もたもたせず、スマートに、重くならず、手際よく」**といった感じでしょうか。

数十秒から1分を行為の時間の単位にして、ごみを拾ったり、洗面台を拭いたり、お祈りをしましょう。

ただし、**陰徳は、すぐに分かりやすい形で「見返り」があるものではありません。**

**陽報は忘れたころにやってくるものなので、見返りを期待しないで行うことが大事**です。

そもそも陰徳とは、人に気づかれない行いであり、そのため誰からも気づかれず、感謝もされません。

**見返りを期待したいなら、陰徳ではなく「陽徳」をしましょう。**

分かりやすくお役に立てば、たとえば感謝やお礼といった形だったり、お金という形ですぐに返ってきます。

陰徳であろうと陽徳であろうと、どちらも人のお役に立っていることには変わらず、つまり陽徳が悪いわけではないので、それも積極的に行うことは素晴らしいことです。

**陰徳の何がすごいかというと、「複利になる」ということです。**

複利という言葉はご存じでしょうか？　複利は、かのアインシュタインが「人生最大の発明」と言ったと言われています。

複利とは「利子が利子を生む」という考え方のことで、複利の対義語として「単利」というものもあります。

たとえば、10％の利息で１００万円を貯金したとすると、１年後は利息がついて

110万円となります。

単利と複利では2年後から変わってきます。

単利では2年目にも元本の100万円に利息がつき、2年後には120万円となりますが、複利では1年後の残金110万円に利息がつくため、2年後には121万円となります。

これが10年、20年になってくると、複利はどんどんお金が増えていくことになります。

宇宙銀行などと言われたりしますが、陰徳にも同じような効果があり、人知れず行った善行は宇宙に貯金され、引き出さずに持っておけば、それがずっと貯まり、複利で増え続け、人生で最も肝心なタイミングで、あり得ないような幸運に恵まれたりします。

見返りがないということは、それは宇宙銀行に貯金され、利息が付いている状態ということです。

「すぐに返ってこないほうがいい」くらいの気持ちでいるといいですね。

## おわりに――

ここまでお読みいただき、ありがとうございます。

今回お伝えした開運するためのルーティンについてですが、これらは一見すると地味なものばかりですが、すべては続けることでどんどん力を発揮していくものです。

セミナーなどをしていると、「たった1週間で」といったものや、長くとも「たった90日で」といった、人生がすぐに変わるメソッドを求める人がいます。

しかし、たとえ一度変化したとしても、積み重ねた土台のない変化はすぐに崩れてしまいます。

以前、本も出版されている経営コンサルタントの方が、私の本が売れているのを見て、「何をしたのですか？」と何か大きな成果を出す特別な一手についての質問をしてきたことがありました。

私としては、日々YouTubeなどでコツコツと情報発信をし、まだ見ぬ読者の方にアプローチをし続けた結果のことでしたので、「何をしたのですか?」と聞かれても、特別なことは何もしていませんでした。


**本当に大切なのは、「小さなこと」を積み重ねることです。**

積み重ねは、すればするほど大きな力を発揮します。

さらに言うと、積み重ねるものは特別すごいものではなく、本書で紹介したような「小さなこと」でいいのです。

積み重ねられる人が少ないから、積み重ねた人は大きな力を持てるようになります。


大リーグで前人未到の記録を作ったあのイチロー選手は、過去に**「小さいことを積み重ねるのが、とんでもないところに行くただひとつの道」**と言われています。

本当に必要なのは、大きなメソッドではなく、小さなことを続けること。

私はいつも、講座生には**「基本こそ奥義」**とお伝えしています。

本書ではその基本ばかりをお伝えしました。

もちろん紹介した基本に続く応用のメソッドはありますが、それらは基本の土台がないと力を発揮しません。

やはり一番大事なのは基本です。

ぜひ、この基本を続けてみてください。

積み重ねれば積み重ねるほど、少しずつ確実に開運していきます。


最後に、また一つ私の過去の学びや経験をこういった形で世に出させていただきました。

いつも様々な角度の企画を考え、可能性を引き出し、本という形で世に出してくださる遠藤励起さん、当初は「波動と開運」という企画だったものをさらにブラッシュアップし、「開運ルーティン」という素敵な形にまとめてくださったWAVE出版の大石聡子さん、その他弊社クライアントの皆さま、八福会、ビジネスアカデミー、波動倶楽部の皆さま、YouTubeの視聴者の皆さま、多くの方のご協力のお陰で本書を書かせていただきました。

皆さまと紡いできた幸せの知恵を、さらに多くの皆さまに分かち合えることの幸せを感じています。
ありがとうございます。

桑名正典

桑名正典（くわな まさのり）

（株）パーソンズリンク代表取締役
経営コンサルタント／波動コンサルタント

高校から理系に進み、大学・大学院では化学を専攻。岡山大学大学院卒業後、（株）コベルコ科研にて、研究者として環境分析、化学分析、材料分析などに携わる。その後2007年に「自分らしく大好きなことを仕事にして豊かに生きたい」という思いから独立。現在は波動とメンタルをベースに、企業のコンサルティングや起業家を支援するビジネスアカデミーなどを展開。コロナ禍でもクライアントの好調を維持している。また会員数400名以上の「波動を整えて開運するエネルギーワークの会」、会員数1400名を超えるオンラインサロン「波動倶楽部」などを主宰。YouTube「波動チャンネル」でも波動の使い方をレクチャーし、登録者数を伸ばしている。著書に『ミリオネア・バイブレーション』（ヒカルランド）などがある。

# 1日1分開運ルーティン

2021年 8 月12日　第1版　第1刷発行
2021年12月 6 日　　　　　第3刷発行

著　者　　桑名正典

発行所　　WAVE出版
〒102-0074　東京都千代田区九段南3-9-12
TEL 03-3261-3713　FAX 03-3261-3823
振替 00100-7-366376
E-mail: info@wave-publishers.co.jp
https://www.wave-publishers.co.jp

印刷・製本　萩原印刷


NDC147　207p　19cm　ISBN978-4-86621-359-0